空战的历史
A I R
WARFARE

从第一次世界大战到第二次世界大战
From World War I To World War II

[英] 克里斯托弗·钱特（Christopher Chant）　史蒂夫·戴维斯（Steve Davies）　保罗·伊登（Paul E. Eden）著

于仓和　译　徐玉辉　审校

上海三联书店

目录
Contents

目录
Contents

6

战略轰炸：
1939至1945年

247

在第一次世界大战和第二次世界大战之间的年代，英国皇家空军的规划者们就已经深信在未来的冲突中，轰炸机将会成为赢得战争的武器。

0 引 言

工业时代以来，战争鞭策着科技发展的真理可说是不言而喻，或许没有哪一个领域的技术变革步伐，像空战领域这样一日千里。

在两大超级大国对峙的最后几年里，科技的发展可以说是史无前例，而这些冷战岁月的最后一代战机——美国的F-16和苏联的苏-27，从未在战斗中遭遇。不过冷战的结束却预示了崭新冲突年代的开始，也就是全球反恐战争的降临

接连不断的发展

从第一批飞行员驾着脆弱的座机在西线堑壕的上空战斗，到今日网络中心战（Network Centric Warfare）和卫星定位系统制导武器已成为全球反恐战争（Global War on Terror）中热门的专用术语，只用了不到一个世纪的时间。在这些战争中，价格动辄以百万美元计的飞机扮演了比以往更加重要的角色。就这一点来看，飞机也曾是另一场真正的全球冲突——第二次世界大战——当中的关键点。在这场战争中，许多空战的观念臻于成熟，而对飞机挥之不去的批评就此永远安静了下来。

当第一次世界大战在1914年爆发时，飞机尚未安装武器弹药；到了1939年，战斗机已进化到包括以下的要素：单翼、应力金属（蒙皮）结构、大口径武器装备、可收放式起落架和封闭式驾驶舱。到了第二次世界大战结束时，战斗机的价值已经不容怀疑，它不只是挂载武器或炸弹的平台，也可作为运输、侦察或执行海上任务的宝贵资产。确实，飞机不只能扭转战局的走向，还能依靠本身的能力赢得战争，这一点可由日本城市广岛和长崎在史无前例的原子弹爆炸中毁灭得到证明。

大赌注

第二次世界大战的结束揭开了核时代的序幕，同时也开启了对20世纪下半叶世界格局产生重大影响的冷战。然而，全球

→→英国皇家海军"暴怒"号（HMS Furious）是世界上第一艘全通甲板航空母舰，图中可见该航母的舰艏飞行甲板和飞机升降机，此时飞行甲板四周竖起了粗大的栏杆，这是早期飞机舰上系留技术尚未成熟时的应急手段。图中搭载于航母上的是索普威斯"幼犬"（Pup）式战斗机

的利害关系是如此重大，核毁灭的能力又是如此高，因此在冷战中美苏两个超级强国的战机并没有爆发直接冲突（除了几次例外），而只是在较小规模的冲突中大显身手。这些殖民地的冲突、抗争爆发点和"丛林战争"需要从空中发动战争这种崭新方式，而技术进步的脚步却从未放慢。

　　在朝鲜战争（Korean War）之后，喷气机的战斗技巧趋于成熟，此时直升机和精确制导武器的潜力在越南战场上获得证明；另一方面，东南亚的战争也反映了科技的局限，比如空对空导弹无法达到预期等。在冷战期间面临中东地区动荡不安的诸多冲突后，人们开始理解这一科技的价值，而超级强权则在

↓太平洋上的海军作战展示了舰载航空兵的强大威力，挂载炸弹和鱼雷的飞机从航空母舰的甲板起飞，使得上一个时代装备巨炮的战列舰顿时显得落伍

"热战"的严峻考验中测试各自对于战机的概念。

科技的进步

从80年代开始，在马尔维纳斯群岛［Islas Malvinas，英称福克兰群岛（Falkland Islands）］和黎巴嫩上空爆发的空战，或许没有导致任何战略平衡甚至是区域性平衡的重大转变，但可以看到长期以来人们殷切盼望的科技进步，例如"发射后不管"（Fire and Forget）① 空对空导弹和无人驾驶飞行器的价值终于得到肯定。当冷战在20世纪90年代初期结束后，各国国防预算大幅缩减，科研的成本却如火箭般节节攀升，然而在伊拉克和阿富汗接连不断的冲突，一再确认了空中力量（无论是载人还是无人）将会在整个21世纪中持续扮演举足轻重的角色。

---

① 即在发射后完全以全自动模式执行任务。——译者注

1

早期空战：
1794 至 1939 年

世界上最早的飞行器是中国古代使用的风筝，可以确信的是载人风筝曾在作战的时候被有限地用来搜集敌军情报，或是作为空中通信的工具。

←图为联邦军正在为一个气球充气。在美国内战期间，气球一度被用来执行观测任务，特别是联邦军，但其潜力却因为政治内斗而缺乏发挥的空间

　　在西方，1783年时孟戈菲耶（Montgolfier）兄弟使用热气球进行第一次飞行，但这一原始方式很快就被氢气球超越。在早期的军事领域人们也曾有限地使用这些气球，已知的第一个例子是在1794年的弗勒吕斯（Fleurus）战役中，一个系在地面上的法军气球负责执行观测任务。

　　在美国内战期间（1861至1865年），北方联邦军与南方邦联军均曾使用气球，并曾在某些时刻执行了有效的战场观测任务。美国的第一个气球叫作联邦号（Union），便被用于作战，由联邦军在1861年8月投入战场。邦联则有较大的问题，尤其是因为南方邦联的港口遭到封锁，因此南军无法取得制造气球所需的丝质布料，所以邦联就采用生产服装的丝质布料来制造气球，但那时甚至连用来灌入气球内部的气体也没有。双方都在1863年时放弃运用气球的计划。

　　世界上第一次重于空气的动力飞行，由美国莱特（Wright）兄弟在1903年12月达成，然而一直到1908年，人们才普遍认可可操纵并持续飞行的飞行器的可靠性。

　　创造实质军事飞行的重要进步是在20世纪的第一个10年里出现的，而军事飞行的实用性起源可在1910年至1914年9月第一次世界大战爆发这段时间内找到蛛丝马迹。

　　世界上第一次实弹轰炸试验，是在1911年1月7日美国加州的旧金山，由米隆·克瑞西（Myron S. Crissy）中尉和菲利普·

帕马利（Philip O. Parmalee）驾驶一架莱特B型双翼机执行。1月18日，尤金·伊利驾驶一架寇蒂斯"黄金"飞机，降落在下锚于旧金山湾（San Francisco Bay）内的"宾夕法尼亚"号（Pennsylvania）巡洋舰舰艉特别建造的平台上。2月1日，格兰·寇蒂斯于圣地亚哥（San Diego）在水面上进行了两次成功的飞行，在这过程当中单一大型浮筒机取代了早期测试中使用的三浮筒机。

　　1911年4月1日，英军正式成立军事航空的体制，组建了英国皇家工兵航空营，下辖两个连，分别为第1连（负责飞艇、

↓图为尤金·伊利在1910年11月14日驾驶寇蒂斯双翼机飞离美军轻巡洋舰"伯明翰"号的舰艏滑道，创造了历史。尽管刚开始时飞行速度不足，但这架飞机能够沿着向下的飞行路径短暂加速，以飞抵邻近的岸边

布莱里奥XI单翼机

类　　型:	单翼机	尺　　寸:	翼展	7.97米
动力来源:	16.9千瓦～19千瓦安扎尼（Anzani）3		长度	7.62米
	汽缸螺旋桨		高度	2.69米
最高速度:	75.6千米／时		机翼面积	14平方米
重　　量:	230千克			

北美先驱

　　1910年出现的几次预兆，透露出飞机在战争中可能扮演的角色。1月19日，保罗·贝克（Paul Beck）少尉于加州的洛杉矶上空，从1架由路易斯·保罗汉（Louis Paulhan）驾驶的飞机上投下代表炸弹的沙包。6月30日，格兰·寇蒂斯（Glenn H. Curtiss）在纽约的库卡（Keuka）湖，从15米的高度对着一块呈现出战列舰外形的浮板投掷假炸弹。8月27日，加拿大人詹姆斯·麦克迪（James McCurdy）在羊头湾（Sheepshead Bay）从1架寇蒂斯"黄金"飞机（Curtiss Golden Flyer）上通过无线电设备发送并接收信息，揭开了空中无线电报的时代。11月14日，尤金·伊利（Eugene B. Ely）成为世界上第一个驾机从船舰上起飞的人，他的寇蒂斯"黄金"飞机从架设在美军"伯明翰"号巡洋舰舰艏上的平台起飞；数周之后，伊利又成功地首度驾机在1艘军舰上降落。

气球和风筝）和第2连（负责飞机）。7月1日，寇蒂斯在库卡湖上成功操作并验证了A-1浮筒式水上飞机，这是为美国海军建造的第一架飞机。

1911年9月20日，意大利对土耳其宣战之后，便派出一支远征军至的黎波里塔尼亚（Tripolitania）。10月22日，卡罗·皮亚查（Carlo Piazza）上尉驾驶1架布莱里奥（Blériot）9型单翼机对的黎波里（Tripoli）和阿奇齐亚（Azizzia）间的土军阵地进行侦察——这趟飞行代表人类首次在战争中运用重于空气的动力飞行器。在北非作战过程中，2架飞机在1912年3月10日对土军阵地进行了侦察，船员还扔下几枚手榴弹，但并未造成任何损害。

这年4月13日，英军着手组编制英国皇家飞行兵团（Royal

↓ 图中为维克斯 F.B.5，绰号"机枪巴士"，是世界上第一架真正的战机。其设计时间是在第一次世界大战之前。它拥有1挺7.7毫米刘易斯机枪，安装在中央机身前段的一个活动机枪座上，位于驾驶舱和推进式发动机前方

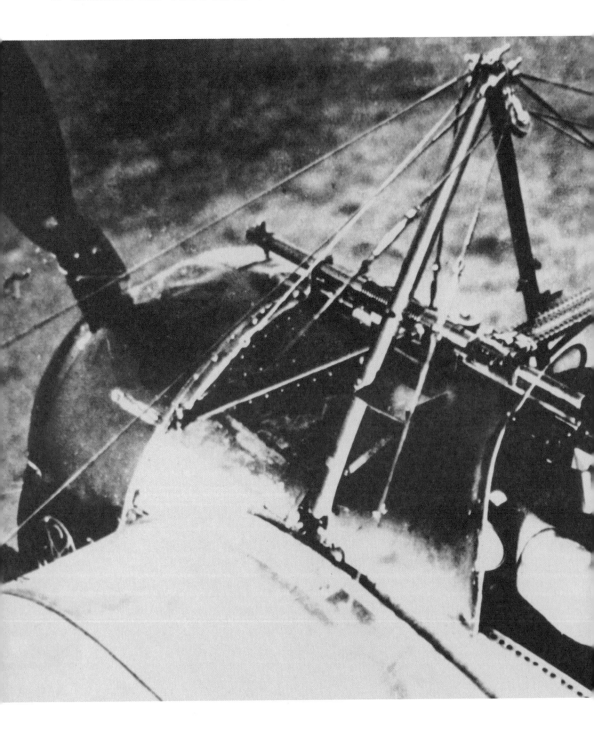

Flying Corps，RFC），一个月之后兵团正式成立，由航空营改组的陆军联队和海军航空队组成的海军联队成立。6月，德国海军成立了一个海军飞船分舰队（Naval Airship Division）。此外，美军于1912年6月2日首度展开飞机挂载机枪的试验，由托马斯·德·威特·米林（Thomas de Witt Milling）驾驶1架莱特B型机，而刘易斯（Lewis）轻机枪则由查尔斯·德·佛瑞斯特·钱德勒（Charles de Forest Chandler）来操作。

　　在第一次巴尔干战争时（First Balkan War，1912至1913年），保加利亚的航空兵在阿德里安堡（Adrianople）轰炸了土军阵地。这段时期中，保加利亚航空兵的塞米昂·佩卓夫（Simeon Petrov）上尉投下了首批航空炸弹，并且广泛运用轰炸方式进行作战，当中包括1912年11月7日进行的首次夜间轰炸。

←图为早期的固定式前射武器，基本上是1挺机枪（本图为8毫米的霍奇基斯机枪），从螺旋桨叶片旋转范围后方向前发射，而螺旋桨的叶片后缘则由楔形的铁制偏转板加以保护

走向战争的飞机

1913年5月10日在墨西哥战争期间，当一名革命军将领艾瓦拉多·欧布瑞冈（Alvarado Obregon）的支持者迪狄尔·麦森（Didier Masson）驾驶飞机攻击墨西哥政府军的炮艇时，他成为世界上第一个投掷炸弹攻击军舰的飞行员。11月30日前后，在墨西哥支持相互敌对派系的菲利浦·雷德（Phillip Rader）和迪恩·兰布（Dean I. Lamb）驾机在空中以左轮手枪射击对方，虽然没有命中目标，但这却是世界上第一场空战。4月20日，一支美国海军分遣队搭乘"伯明翰"号（Birmingham）离开彭萨科拉（Pensacola），以加入在墨西哥危机期间于坦皮科（Tampico）沿海作战的美军大西洋舰队支队；另一支从彭

↓法国的布雷盖公司在第一次世界大战初期生产了多款战机，图中这架是Bre.4的衍生型之一，被用作轰炸机和通用飞机

萨科拉出发的分遣队也在"密西西比"号（Mississippi）加入后，全速赶往墨西哥水域协助维拉克鲁斯（Veracruz）当地的军事作战行动。1架AB-3飞艇和一架AH-3浮筒式水上飞机稍后被用来对维拉克鲁斯港进行侦察任务并搜索水雷。5月2日，泰亚（Tejar）附近的美国海军陆战队官兵回报遭到攻击，并要求位于维拉克鲁斯的航空单位向他们报告攻击者的阵地，这是飞机首次执行对地面部队的直接支援任务。

到了1914年7月1日，英国皇家飞行兵团（Royal Flying Corps）的海军航空队改组成为皇家海军航空队（Royal Navy Air Service），由海军部管理，7月28日一架肖特（Short）水上飞机空投了1枚直径356毫米、重达367千克的鱼雷。

1914年8月当第一次世界大战爆发的时候，对于各交战国来说，军事航空的重要性可以由投入的飞机数量来衡量。德国拥有246架，俄罗斯拥有244架，法国拥有138架，英国拥有113架。从第一次世界大战爆发开始，飞机的重要性就在东线和西线上获得证明。德军通过比利时并进入法国北部的最初

福克灾难

不可避免地，较有远见的德国飞行员，像奥斯瓦德·博克和马克斯·英麦曼［Max Immelmann，外号"里尔之鹰"（Eagle of Lille）］都马上发现战斗机不应只担任守势的护航角色，而应用在攻势方面，将空战带给协约国。在博克的领导下，德军迅速发展出战斗机的攻势战术，时常利用云层来偷偷追踪对手，然后拉近距离，并从太阳下方或太阳以外的盲点突然现身以进行致命的一击。这就是西线上空所谓的"福克灾难"（Fokker Scourge），也是德军空中优势时期的开始。在空战的这一阶段中，协约国几乎无法对德军制空权造成威胁。

英军第一款真正的战斗机是艾尔科（Airco）
的D.H.2，由乔福瑞·德·哈维兰（Geoffrey
de Havilland）设计。这款飞机外形简洁、
性能灵活，表现相当好，并且可在机鼻加装
1挺机枪。由于缺少同步射击装置，因此哈
维兰为这架战机采用后方推进的设计

攻势，由不到12个野战飞行分队（Feldfliegerabteilung）支援，共装备大约60架"鸽"式（Taube）单翼机、"信天翁"式（Albatros）以及"航空"式（Aviatik）双翼机。另一方，法军拥有21个中队的"布莱里奥"、"布雷盖"（Breguet）、"高德隆"（Caudron）、"迪帕杜辛"（Deperdussin）、"法尔芒"（Farman）、"纽波特"（Nieuport）和"瓦赞"（Voisin）式飞机，英军则组建了一支拥有63架飞机的航空部队［阿芙罗（Avro）504型、布莱里奥11型、"法尔芒"式、皇家飞机制造厂（Royal Aircraft Factory，RAF）B.E.2与B.E.8型飞机］，分成4个中队，在8月间前往法国。

在法国境内的各航空单位分散到广大的作战区域，因此敌对双方的飞机只有在偶然的情况下才会遭遇对方。即便如此，早期战术侦察的成果马上使双方深信，剥夺对方的空战能力将会对己方有利，因此步枪、卡宾枪、猎枪、手枪，甚至临时改

↓在德国，福克公司在航空武装的领域领先一步，因为其单翼机配备了世界上第一款真正的同步射击装置，可确保当机枪射击时，螺旋桨叶片不会挡在机枪的火线上

"血腥四月"

为了获得地面上的优势，协约国不顾一切地发动一连串大规模攻势，并由数量庞大的老旧双座机进行掩护，而由愈来愈多在匆忙中被派往前线的"菜鸟"飞行员驾驶这些飞机，他们是为了替补因驾驶性能不佳的双座机而阵亡的资深飞行员。在1917年春季，也就是被英国人称为"血腥四月"（Bloody April）的这一时期里，索普威斯的三翼机在协约国战斗机中被证明是挑战德军空中优势的最成功机种。三翼机只由海军的飞行中队操作，这个时期海军航空单位隶属于英国皇家飞行兵团。

造的武器，例如绑在缆绳末端的爪钩，就被带到飞机上，以便用来攻击对方。最好用的武器是机枪，但它很重、不灵活且很难以有利于战术的方式安装，特别是因为当时双座飞机上的观察员是坐在前座，四周都是支柱和拉线；另一项困难在于牵引式飞机的螺旋桨，因为其旋转面直接位于机身上部对任何固定式枪械来说都是最佳安装位置的前方；在任何单座机中，武器一定要装在飞行员前方，飞行员才可以瞄准并开火。

所以此刻需要的是将机枪开火速率和螺旋桨旋转同步化的方法，以便在机枪开火射击时确保枪口前方不会有螺旋桨叶片，虽然在战前已有数个类似的装置进行测试，但当战争爆发时部队里并没有这样的同步装置，因此第一架经过特别设计载有向前开火机枪的飞机是维克斯（Vickers）F.B.5"机枪巴士"（Gunbus），这种"推进式飞机"的设计，是将发动机和螺旋桨安装在飞行员后方，观测员则坐在机身中段的短舱。此设计要求由位于螺旋桨扫过的圆弧外围的从上下机翼后缘伸出的尾桁来承担尾翼组的重量。这种设计增加了累赘，因此降低了性能，也给机身的装配和保养带来困难。

法国的突破

从1913年开始，法国研究人员就已经在试验前向射击机枪的同步装置，并将钢片安装在螺旋桨叶片的背面，以使任何可能击中他们的子弹偏斜。然而，第一架被敌军飞机上的机枪击落的德军飞机，是1架"航空"式双座侦察机，在1914年10月5日由法兰茨（Frantz）中士和卡波赫·奎诺（Caporal Quénault）击落，后者只用了1挺架在"瓦赞"式双翼机驾驶座侧面的霍奇基斯（Hotchkiss）机枪发射了一串子弹，便将德机击落。但一直到1915年4月，罗兰·加洛斯（Roland Garros）中尉驾驶1架莫兰-索尼尔（Morane-Saulnier）L型"伞"式单翼机，一举击落3架德军飞机，前向射击机枪的时代才真正揭开序幕。加洛斯曾在战前参与困难重重的同步装置试验，但这时却驾驶一架没有安装此种装置但保留反射板的飞机。这一方式导致基本空战战术迅速进化，使飞机可直接对准敌机飞

←可能第一次世界大战中最佳的双座战斗机就是布里斯托的F.2B战斗机，其飞行速度快、结构坚固且机动灵活，在驾驶舱后方装有一挺可活动的机枪，以支援机身前段的固定式前射机枪

索普威斯的"幼犬"式尽管有缺点,却是一款受到欢迎的飞机。"幼犬"式飞机有着完美的协调操控能力,也被用来进行早期的在航行中的船只平台上降落的试验。如图中,中队长唐宁(E. H. Dunning)准备在尾钩的帮助下降落在"暴怒"号(HMS Furious)上

→第一次世界大战中被许多杰出的德国王牌飞行员驾驶的战机是"信天翁"D.V。它能够大批量生产并装有两挺固定前射式机枪，但随后在同盟国飞行员手中它的特点并未完全表现，而且还让人对它的低机翼结构产生质疑

行，并沿着飞行路径用固定的前向射击机枪瞄准。加洛斯在击落5架敌机后，顺理成章地成为世界上第一位"空战王牌飞行员"（Ace），但4月19日他在德军战线后方迫降被俘。

德国人早已做出合理的结论，认为反射板只是一个临时解决方案，真正的解决方法是发展出具备有效同步装置的前向射击机枪。一名为德军制造飞机的荷兰航空先驱安东尼·福克（Anthony Fokker）接下此任务，并交由他公司里的工程师解决，他们很快设计出一款有效的机械系统。这一系统被安装在1架福克（Fokker）M.5k单翼机上，成为E.I型世界上第一架拥有可使机枪开火动作与螺旋桨叶片旋转位置同步的战斗机。E.I型于1915年6月进入部队服役，之后此型飞机就被一小批一小批地送往侦察单位进行分配，目的是为易

受攻击的双座侦察机在执行日益重要的战术任务时提供保护。E.I型很快发展到完美，之后被福克公司和其他制造商所发展出的改良单翼（Eindecker）战斗机取代。

英军没有机枪射击中断装置，因此他们的飞机就必须采用推进式设计，装备艾尔科（Airco）D.H.2单座机的第24中队，因此成为英国皇家飞行兵团的第一个"战斗机"单位。第24中队于1916年初抵达法国，立刻使飞机上载有一挺固定前向射击刘易斯机枪的价值得到证明。此时法军在技术上和战术上都更为先进，到了1915年底，法军已开始引进例如莫兰—索尼尔LA型和纽波特Nie.10型双座机，接着是经典的Nie.11"贝贝"

←←图中站在一架福克Dr.I三翼机前的就是一战期间德国的王牌飞行员骑兵上尉曼弗雷德·弗莱赫尔·冯·里希特霍芬（右），创造了高达80次的"击杀"纪录，而他的弟弟罗塔尔（Lothr）则在非常短的时间内获得40次空战胜利后阵亡

S.E.5A

类　　　型：单座战斗机

动力来源：1台149千瓦西斯帕诺－苏伊查V–8活塞发动机

最高速度：75.6千米／时

重　　　量：空机重为635千克；最大起飞重量为887千克

武　　　装：1挺同步前射7.7毫米维克斯机枪和1挺架设在上翼中段的7.7毫米刘易斯机枪。可再加挂4枚18.6千克炸弹

尺　　　寸：翼展　　　8.12米
　　　　　　长度　　　6.38米
　　　　　　高度　　　2.90米
　　　　　　翼面积　　22.67平方米

（Bébé）和随后在当时被称为"战斗侦察机"的Nie.17型单座机。这些飞机装备了1挺固定式前向射击机枪，比方说莫兰—索尼尔式是装在伞式单翼上，或像纽波特是装在1.5倍翼机的上翼上，以直接在螺旋桨旋转半径以外发射，进而一步步展开逐渐超越德军空中优势的过程。

首场战斗侦察

正当英国皇家飞行兵团D.H.2机的飞行员发展并传播崭新的空中战斗技巧时，英军也在改良他们的首款有效同步装置，即索普威斯-考波（Sopwith-Kauper）中断器，而海军部则为皇家海军航空队签约采购索普威斯的"幼犬"式机（Pup），成为英军首款真正的战斗侦察机。"幼犬"式机从1916年夏末开始配发部队，并从同年9月起在法国东北部和比利时海岸上

↓索普威斯的"骆驼"式是以"幼犬"式为概念而制造的衍生机种，堪称是第一次世界大战时期最成功的战斗机。此型战斗机装备2挺（有时装备3挺）固定式前射机枪，性能表现相当优异、十分灵活，但被认为难以操控

空开始战斗，建立起伟大战斗机的赫赫威名。不过同性质的装备仍未被完全接受，而在英国皇家海军航空队的各中队里，著名的第8中队则在1916年10月间编成，当中的飞机混合了"幼犬"式和纽波特的单座机，以及索普威斯3/2翼"炫耀者"式（Strutter）双座机。开始在第8中队服役的前两个月期间，该单位的飞行员击落了20架德军飞机。所有这三款飞机均被公认在不同的领域各有所长，3/2翼"炫耀者"式是世界上第一款真正有效的多功能战机，但"幼犬"式机将良好的性能、可靠的灵活度和完美的操纵性结合起来而获得最多的赞美。

尽管德军对于协约国（Allies）竟然可以在1916年春末迅速回应，并战胜单翼战斗机感到有些惊讶，但他们还是立即以新一代的双翼战斗机加以反击，例如"信天翁"D.I和D.II、福克D.I和哈尔伯施塔特（Halberstadt）D.II等。这些双翼机的结

↓由于索普威斯三翼机的爬升率和灵活度给人留下非常深刻的印象，德军也生产了一些三翼机，当中最成功的就是福克Dr.I。但当它开始服役并主要用来从事防御性的战斗机任务时，已显得老旧过时

德军轰炸机的发展

在大战最初的几个月里，随着俄罗斯大型轰炸机于东线上展现出潜力，一些德国设计的机型开始在1915年出现，刚开始是西门子·福尔斯曼（Siemens Forssmann），接着是一系列的齐柏林—史塔肯轰炸机。这些飞机在刚开始时被称为"战斗飞行器"（Kampfflugzeug），之后根据"哥达"式系列被归类为G型双发动机飞机，1916年时生产有少量 G.II。

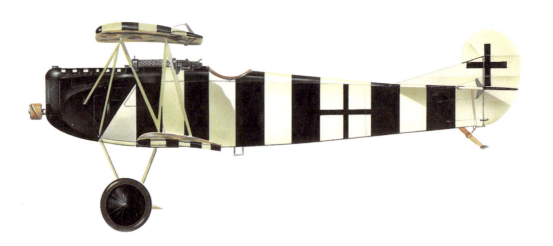

福克D.VII

类　　型：单翼机		武　　装：2挺固定式前射7.92毫米LMG 08/15机枪	
动力来源：1台138千瓦B.M.WIII 6汽缸直列活塞发动机		尺　　寸：翼展	6.95米
最高速度：200千米／时		长度	8.9米
滞空时间：1小时30分钟		高度	2.75米
重　　量：空机重为735千克；最大起飞重量为880千克		机翼面积	20.5平方米

英军"重型轰炸机"的第一次出击

1916年8月，英军的战略轰炸机概念预示了一项重大变革，数个英国皇家飞行兵团中队被分配到一个独立的指挥部，专门用来进行战略轰炸，而不是战术支援轰炸。这一步踏出了正确的方向，但英军仍缺乏一款可以将他们的意图转变为对德军后方地区构成威胁的轰炸机。然而在1917年3月16日到17日，皇家海军航空队的第3大队发动了英军重型轰炸机的首次攻击，1架O/100型轰炸机轰炸穆兰雷梅茨（Moulin-les-Metz）的火车站。

构比稍显脆弱的E型单翼机要坚固些，因此攻击性更强，德军因此占据了制空权。由于配备了能产生更大马力的水冷式6汽缸直列式发动机，它们也比配备气冷式转缸发动机的E型战斗机综合性能更为出色。然而在这一系列机种中最重要的是两款"信天翁"式战机，配备的固定式前向射击机枪的数量加倍，变成了2挺。

另一款在1916年底前首度登场的著名战机，标志着创造战斗侦察机的另一条途径，它将由低机翼负载而产生的良好爬升力和因小巧外形尺寸产生的高度灵活性结合起来，这就是索普威斯的三翼机，因为是"幼犬"式机的简易进化版本，所以只装备了1挺机枪，而所需的机翼面积就被妥善分配给三面小尺寸的机翼，以确保敏捷性不会降低。英国皇家海军航空部喜爱轻负载的三翼机，而英国皇家飞行兵团则喜欢法国的下一代战机，也就是斯帕德公司（SPAD）①的S.VII。此型战机保留了已被逐渐舍弃的单机枪武装，但由于配备西斯帕诺-苏伊查（Hispano-Suiza）水冷式V-8发动机，它的马力输出比三翼机

---

① SPAD原文为Société Pour L'Aviationetses Dérivés，意为航空与零件公司。——译者注

齐柏林—史塔肯R.IV

类　　型：7座重轰炸机

动力来源：2台119千瓦梅赛德斯（Mercedes）
　　　　　D.III和4具164千瓦奔驰（Benz）
　　　　　Bz.IV直列活塞发动机

最高速度：125千米／时

飞行高度：3700米

重　　量：空机重为8720千克；最大起飞重量
为13035千克

武　　装：最多可达7挺7.92毫米机枪，
　　　　　炸弹携载量可达2123千克

尺　　寸：翼展　　　42.20米
　　　　　长度　　　23.20米
　　　　　高度　　　6.80米
　　　　　机翼面积　332平方米

使用的气冷式旋转发动机高出50%，因而成为一款凶猛的战斗机。S.VII拥有坚固的结构和良好的全方位性能，但缺乏索普威斯三翼机具备的机动性。

德军的空中兵力，也就是帝国航空队（Luftstreitkräft）在1915年底就开始进行彻底改编，组建出所谓的步兵飞行队（Fliegerabteilungen–Infanterie，FlAbt–Inf），为地面部队提供战术支援。这些单位的价值随即受到肯定，但他们也蒙受了惨重的损失。步兵飞行队显然需要空中支援，因此德军在1916年夏季就产生了创建一个专用战斗机兵种的想法。到了1917年4月时，帝国航空队已成为辖有37支战斗机中队（Jagdstaffel，Jasta）的战斗机部队。战斗机部队可说是奥斯瓦

←←在空战的初期年代，炸弹携带、瞄准和投掷的方法相当原始，而小型炸弹的威力基本上也无足轻重，但在战争期间的发展不但迅速，而且相当重大

德·博克（Oswald Boelcke）的精神产物，他在击落40架敌机后，于1916年10月28日阵亡。这些新战机大多配备改良的信天翁D.III，也就是D.II型的1.5倍机翼改良版，采用"一倍半"翼型，上部机翼是下部机翼长度的1.5倍。

里希特霍芬的"飞行马戏团"

尽管有包括索普威斯单座三翼机和当时数量稀少的布里斯托（Bristol）F.2B双座战斗机在内的新式战斗机护航，但当德军的战斗机队在新任队长，比如令人敬畏的骑兵上尉曼弗雷德·弗莱赫尔·冯·里希特霍芬（Manfred Freiherr von Richthofen，他最终以击落80架敌机的成绩成为第一次世界大战中的首位空战王牌）的领导下，实力不断地迅速增长，协约

↓德军在第一次世界大战时期最重要的轰炸机是双发动机的"哥达"式G.III和G.IV。这些轰炸机在西线上空作战，但也因为面对英国南部目标的日间及稍后的夜间攻击而引人注目

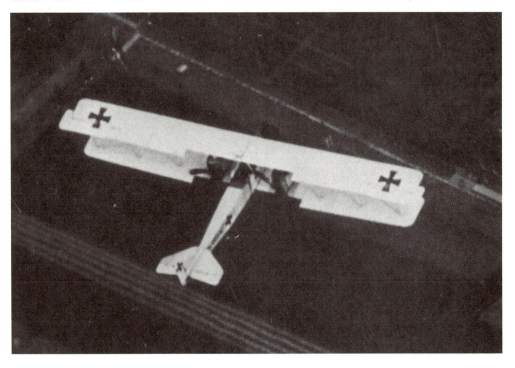

国损失的数量与速率仍然以骇人的速度上升。

在"血腥四月"中，英国皇家飞行兵团折损了至少316位飞行员和观测员／机枪手，新飞机可以很快地补充，但空勤人员的训练培养却是缓不济急，只有几小时飞行经验的空勤人员匆匆赶到法国，抱着惨淡的希望来填补人力缺口，但其实他们只是准备好成为牺牲者而已。

然而精良的战斗机，具体来说像是英国皇家飞机制造厂S.E.5、索普威斯"骆驼"式（Camel）、SPAD S.VII和S.XIII以及F.2B战斗机等，均正进入服役或是即将装备部队。因此从1917年春末起，重新装备新飞机的英国皇家飞行兵团、英国皇家海军航空队和法国飞行部队的战斗机中队重获制空权。

德军"救火队"

由于英国专门进行战斗的战斗机中队是如此成功，德国人认为他们也许没有办法在飞机数量和所能部署的单位数量

↑德军也发展了数款远程重轰炸机，拥有4具、5具甚至6具发动机。这些轰炸机中最著名且性能最佳的是齐柏林−史塔肯轰炸机，图中即为典型的R.VI，拥有2具牵引和2具推进的发动机

方面与协约国匹敌，然而一旦面临需要局部空中优势的状况时，德军能够把由重要空战王牌组成的机动"救火队"单位部署至前线重要地段，这就是战斗机联队（Jagdgeschwader）的起源，也就是协约国所谓的"飞行马戏团"（flying circus），由大约30架或更多的战斗机组成。

首支战斗机联队于1917年6月24日组成，由里希特霍芬指挥，即第1战斗机联队，下辖第4、6、10、11战斗机中队。到了1917年底时，空中战斗的方式很明显地已经永久改变了。

美军于1917年4月参战，加入协约国，但当时美军进入欧洲的武装部队的规模很小，不但武器数量少而且装备也过时低劣，因此无法进行一场现代化的战争。一直到9月美军第1航空中队才抵达法国，而第94、95航空中队则到1918年初才抵达，并于4月14日首次投入战场。由于缺乏适用的美制战机，在法国作战的美国远征军航空单位主要是使用英制和法制的飞机。尽管如此，德国人已意识到，如果规模庞大且

←当时英国发展了几种方法来对抗飞船和轰炸机，包括本图中的气球障碍。这些气球被拴在轰炸机可能经过的飞行路线上，用缆绳从侧面连接起来，中间再加挂多条由上往下垂放的长缆绳

装备更佳的美军后续进入欧洲的陆上与空中部队投入法国战场，并有效摧毁从1915年延续至今以壕沟战僵局为缩影的军事平衡，只是时间问题而已。因此德军决定在一切为时未晚前，发动一连五波破釜沉舟的攻势以争取胜利。首波攻击于1918年3月21日发动，此时德军战斗机中队操作的机种是混合了受到索普威斯三翼机直接影响而发展但已过时的福克Dr.I三翼机，以及曾经被证明过但现在已过时的"信天翁"D.V双翼机，还有全新的西门子-舒克尔特（Siemens-Schuckert）D.III双翼机。

在这些飞机的掩护下，德军主要的双座侦察与炮兵观测机是AEG C.IV、"信天翁"C.X和C.XII、DFW C.V、LVG C.V以及C.VI①，还有"伦普勒"（Rumpler）C.V和C.II，特别用来扮演近距离空中支援和攻击角色的双座机则包括哈尔伯施塔特CL.II和CL.IV，以及汉诺威（Hannover）CL.II与CL.III。新发展出的战斗机则以容克（Junkers）J.I为代表，它是配有装甲的双翼机，用来担任近距离空中支援和攻击的角色；而以容克为先驱的专用攻击机到了第二次世界大战时就变得举足轻重了。

不过到了此时，英军与法军在飞机性能、数量与训练上已可维持空中优势，就算是稍晚出现的优秀战斗机，比如福克D.VII也无法改变这一事实，特别是因为索普威斯的"鹬"式（Snipe）也一样好。

等到德军攻势被抑制的时候，英军就以每周一队的速度源源不断地派遣战斗机中队至法国，这些战斗机队均配备"骆驼"式（Camel）、F.2B与S.E.5A②等飞机。随着德军攻势于

① AEG原文为Allgemeine Elektrizitäts-Gesellschaft，意为通用电气公司；DFW原文为Deutsche Flugzeug-Werke，意为德意志飞机制造厂；LVG原文为Luft Verkehrs Gesellschaft，意为航空交通公司。——译者注
② S.E.原文为Scout Experimental，意为试验侦察机。——译者注

1918年6月17日终止，协约国就开始转守为攻，英军于这一年8月8日发动决定性攻击。地面部队在空中保护伞下作战，当时的空中力量包括负责执行"堑壕战"（对堑壕进行空中打击）和近距离空中支援任务的7个中队的"骆驼"式战斗机。

在这五波"最后攻势"期间，德军损失了许多伟大的空战王牌，并一连损失了更多无价的空勤人员，而补充人员的训练也十分不足，他们的兵力因此受到严重削弱；此外，燃料之类的基本物资的缺乏也使飞行变得愈来愈困难。

战略轰炸战役

在第一次世界大战爆发时，俄罗斯是唯一有能力以重于空气的飞行器表现战略性空中武力的国家，俄罗斯拥有为数不多的西科斯基·伊利亚·穆罗梅茨（Sikorsky Ilya Muromets）4发动机重轰炸机。

↑世界上第一架4发动机重型轰炸机是俄罗斯的西科斯基·伊里亚·穆罗梅茨型，由俄罗斯波罗的海货车制造厂生产。此型飞机受发动机供应和可靠性问题困扰，除了航程以外其他性能均表现不佳，因此最终制造的数量相当少这些数量有限但身为"重"轰炸机先锋的飞机，于1915年2月15日进行第一次飞行任务。由于这些飞机多半是在夜间出动，因此没有遭受什么损失，但也几乎没有实际战果。人们认为在1917年11月因十月革命爆发而中止飞机生产作业之前，伊利亚·穆罗梅茨轰炸机只生产了73架。

在第一次世界大战开始时，德国的战略轰炸能力掌握在德国陆军和海军的飞艇部队手中，但德国的领导阶层因为害怕协约国将会因为德国攻击造成不可避免的平民死伤，而获得宣传战的胜利，因此没有派出这些庞然大物进行远程攻击。所以德国海军的飞艇（海军的飞艇和陆军的飞艇比起来尺寸较大、装备也更现代化）在空中飞行数小时，飞越海面和主要是英国领土的上空，试图寻找纯粹的军事目标进行攻击。然而这是一项不可能完成的任务，再加上在日间的轰炸几乎不具有准确度，因此飞艇的攻击不可避免地造成平民死伤。

目标：伦敦

到了1915年中期，德国陆军已经加入了攻击行列。在协约国飞机轰炸德国西部的卡尔斯鲁厄（Karlsruhe）之后，德皇威廉二世（Wilhelm II）终于批准了轰炸伦敦的行动。飞艇在英国上空执行过多次任务，有时挂载着在当时相当大型的炸弹。英国的空防基本上没有能力拦截并击毁这些入侵的飞艇，一直到1916年9月2日到3日的夜晚，英军飞机才首度在本土上空击落德军飞艇。虽然德国军方，特别是海军持续支援飞艇作战几乎直到战争结束，但由于英军空防对飞艇入侵的防护大幅增强，以至于运用这些性能优良但却高度易燃的飞艇的行动急遽减少，最终在1918年后期中止。

在1914年至1915年时，德军B、C系列的无武装双座轰炸机，也就是所谓的"信鸽支队"（Brieftauben-Abteilung）以及"轰炸机中队"（Kampfstaffeln），已经进行实际轰炸作战，后者是驾驶AEG G.I型机。这些单位之后就被轰炸机联队（Kampfgeschwader, KG）所取代，每个联队拥有约36架飞机。第1联队刚开始时驻扎在东线，后来被调至西线；第3联队驻地在根特（Ghent），负责空袭英格兰；而第4联队则被部署在意大利战场。部署轰炸机攻击英格兰南部目标的计划在1914年10月时就已提出，因为当时德国军方认为陆军部队沿着法国北部大段海岸线推进的行动看起来是可行的。结果当德国陆军转向南朝巴黎前进时，沿着海岸线的推进在比利时的奥斯坦德（Ostend）结束，刚开始的轰炸作战就只有奥斯坦德信鸽支队的小型单发动机飞机能够进行，但也仅能飞抵多佛（Dover）。

一直到1916年，更可怕的双发动机"哥特"式（Gotha）与"腓特烈港"式（Friedrichshafen）轰炸机才开始服役，但短期需求迫使它们在刚开始时被投入到凡尔登（Verdun）和索姆河（Somme）战役中，因此在这种情况下，到了1917年春季，第3联队终于在比利时的基地就位，以轰炸英国境内的目标。5月25日，第3联队以23架"哥特"式G.IV轰炸机进行了日间空袭。由于天气问题，这些轰炸机无法逼近伦敦，因此他们就在肯特郡（Kent）上空飞行，并对格雷夫森德（Gravesend）、梅德斯通（Maidstone）、阿什福德（Ashford）和福克斯通（Folkstone）等目标投下炸弹，结果福克斯通所受影响最为严重，6枚炸弹造成95人死亡，260人受伤。

直到8月底这段时间内德军还进行了其他空袭行动，在这些行动当中最值得注意的是，6月13日大约有20架G.IV轰炸机攻击英国东区与伦敦市，造成162人死亡（包括一所学校里的16名儿童）和432人受伤。这些行动给予英国大众巨大震撼，而对于英国的空防面对这些轰炸机毫无威慑和摧毁能力的情况更是令英国民众大感震惊。英国官方在舆论压力下成立了一个委员会，对空防应该改进之处提出建议，这个委员会最具野心且最有远见的建议，就是英国皇家飞行兵团和英国皇家海军航空队应该合并成为世界上第一个完全独立存在的空军部队，这将可以更好地协调有效的防空作战，因此英国皇家空军便于1918年4月1日成立了。

在德国方面，尽管战损率持续上升，但对英格兰却无法造成任何更严重的损害，这样的状况可说是愈来愈明显，因此攻击行动遂改为在夜间执行，进而降低了损失的可能性。1917年9月3日到4日的晚间，第3联队进行首次夜袭，一枚50千克的炸弹命中了查塔姆（Chatham）的一座海军兵营，131人当场死亡，90人受伤。这是第一次世界大战时，单枚炸弹所造成的最严重的伤害。

夜间轰炸机

德国早已经盘算着夜间轰炸的计划，并且于1916年在东线组建了第501和第502大型飞机支队，当中包括各种不同的大型轰炸机，这些飞机中性能最好的是10人座的齐柏林-史塔肯（Zeppelin-Staaken）R.VI轰炸机，它拥有4个发动机，翼展达42.2米，载弹量最高可达1000千克，还有4挺自卫用机枪。1917年9月，第501大型飞机支队抵达比利时，到了月底该单位就能对英格兰南部进行夜间攻击。轰炸的准确度依然非常低，虽然投下了重量更大的炸弹，英国平民的伤亡实际上却降低了。

在1917年至1918年冬季期间，德国轰炸机的空袭行动还是维持在分散的基础上进行，当时有少数的飞船执行空袭任务。从整体来看，英军此刻在加强空防能力方面更加积极，他们运用带状部署的高射炮、更多的探照灯、以绳索固定的气球障碍，还有许多现代化的战斗机（包括"骆驼"式和F.2B），使得英军有更多机会拦截德军轰炸机。德军的最后一次大规模空袭是在1918年5月19日到20日进行，共有38架"哥特"式轰炸机、3架R系列飞机和至少2艘飞船不顾一切地向英格兰出击。英军高射炮和战斗机防御网早已严阵以待，结果分别击落了3架"哥特"式轰炸机，这次行动代表德军轰炸英格兰行动的实质结束。

刚开始时，英国人和法国人并没有像俄罗斯人和德国人一样，对战略轰炸拥有整体性概念。即便如此，英国皇家海军航空队还是在少数几次规模虽小但成效显著的攻击行动当中显露出清晰的思维和可观的创造力。早在1914年10月8日，在一次初期尝试失败后，以安特卫普（Antwerp）为基地的伊斯特彻奇（Eastchurch）中队两架索普威斯"小报"式（Tabloid）单发动机飞机轰炸了杜塞尔多夫（Düsseldorf）的飞艇机棚。一名飞行员击中了预定的目标，一举摧毁了新型的齐柏林Z.IX飞艇，而另一名飞行员则轰炸了科隆（Cologne）火车站。到了1915年8月15日，休·特伦查德（Hugh Trenchard）上校接手位于法国的英国皇家飞行兵团指挥权，他给每个军分配一个中队以进行轰炸任务；在同一个月内，英国开始研发设计第一款真正的重轰炸机，也就是双发动机的汉德利·佩奇（Handley Page）O/100型，它于1916年11月开始服役。

在这段时间内，英军和法军只对西线上和后方的德军目标进行战术轰炸，他们使用五花八门的飞机，搭配重量不超过50千克的炸弹，直到1917年6月英军才开始采用153千克的炸弹。

到了1917年10月，英国皇家飞行兵团才刚刚组成第41大队轰炸德国境内的工业目标，使用的机型包括皇家飞机制造厂F.E.2b[①]和德·哈维兰（de Havilland）D.H.4单发动机机，还有英国皇家海军航空队A中队提供的汉德利·佩奇O/100型双发动机轰炸机。

英军展开攻势

英国皇家飞行兵团第41大队于10月17日展开首次日间轰炸，派出8架D.H.4轰炸机攻击萨尔布吕肯（Saarbrücken）附

① F.E.原文为Farman Experimental，意为法尔芒试验机。——译者注

近的一座工厂，首次夜间轰炸则在10月24日到25日进行，由9架O/100型轰炸机对同一目标进行夜袭。攻势在整个1917年至1918年的冬季持续进行，到了1918年6月时，由英国皇家飞行兵团4个中队和英国皇家海军航空队1个中队组成的第41大队已进行了142次空袭行动，当中有57次是轰炸德国境内的目标。

特伦查德不断地施压，要求扩大英军部队的规模，并要求在法国必须完全摆脱法国陆军的监督，这一要求在1918年6月时获得批准，成立了所谓的"独立部队"（Independent Force），由特伦查德指挥，下辖重新装备了D.H.9型机的第41大队其中3个中队，以及第83大队的2个中队。

8月时，在装备全新且经过改良的O/400型双发动机轰炸机的3个中队和1个装备改良型D.H.9A的中队抵达之后，独立部队获得了更多的兵力。其中一个已经派往驻在法国的中队也已

↓不断发展的艾尔科D.H.9系列以其优异的特性而在英军和美军中服役许久，它一直服役到20世纪20年代末期至30年代初期

←O/400是英军在
第一次世界大战
末期最重要的重型
轰炸机，V/1500就
是以此型轰炸机为
基础发展而来的。
O/400能够携带
907千克炸弹，以
及3至5挺7.7毫米
自卫用机枪

将完全过时的F.E.2b换装成O/400型轰炸机。

在1918年11月11日签署停战协定结束第一次世界大战的前6个月，独立部队的各中队投下了550吨炸弹，当中有些重达748千克，目标大部分为德国的机场和城镇，一共损失了109架飞机，有264人阵亡或失踪，这一事实反映出独立部队具备了更强的攻势作战能力。

1918年9月，第27联队成立（由第86、87大队组成），以完成独立部队的扩充计划。这个新单位的装备原本是新型的汉德利·佩奇V/1500四发动机重轰炸机，可携带30枚113千克炸弹或是1枚1497千克炸弹；但到了停战协定生效时，预定装备给此单位的V/1500轰炸机只有3架样机送到，而被认为适合这款威力强大的新式轰炸机的任务就是轰炸柏林。

←在第一次世界大战时期，人们在飞机上做了许多安装并使用重型武器的试验，但标准的武器依然是固定式或安装在可活动基座上的步枪口径机枪

战争中的意大利航空兵

　　1915年5月意大利加入协约国，参与第一次世界大战，在意大利北部开辟了一条对奥匈帝国的新战线。此时，意大利皇家航空队（Aeronautia del Regio Esercito）是一支有实力的队伍，拥有约12个中队，装备的飞机大部分为布莱里奥、法尔芒和纽波特的机种，而在亚得里亚海的海军航空兵则拥有各式各样的水上飞机。

　　面对意大利空中武力的是奥匈帝国的航空部队（Luftfahrttruppen），但这支部队已经将大部分兵力投入东线，因此只能以有限的力量对抗意大利航空部队。

　　西线的战役大部分反映在意大利战线上，然而意大利在空中作战的一个领域却领先对手，那就是为了侦察和轰炸而进行的远程飞行。当意大利飞机开始越过阿尔卑斯山对奥匈帝国的更深处，也就是内陆刺探时，德国再一次面对提升战力的需要，刚开始时是提供现代化飞机。尽管遭遇了一些困难，意大利航空部队在基本力量和全面作业能力等方面均稳定成长，因此卡普罗尼（Caproni）的多发动机轰炸机的空袭就在没有面临严重干扰的状况下持续进行。到了1916年中期，意大利的航空兵总计拥有32个中队。

独立部队在1919年初解散，而到了此时，独立部队已经为现代战争中战略轰炸的发展奠定基础，这个基础就在第二次世界大战时获得验证。

海上的空战

从第一次世界大战开始，英国和德国的海军航空兵都蠢蠢欲动，德军的飞船开始进行部署以空袭英国，同时也在北海（North Sea）和波罗的海（Baltic Sea）上空巡逻侦察，而英国皇家海军航空队的飞机则攻击比利时和德国境内的目标，同时也部署在达达尼尔海峡（Dardanelles）一带，作为鱼雷轰炸机使用。

一旦战争进入白热化阶段，德国海军的航空作战就由该军种下辖的两个单位负责，也就是操作飞船的海军飞船队（Marine Luftschiffabteilung）和配备重于空气飞行器的海军航空队（Marine Fliegerabteilung）；后者于1914年12月正式成立，但已经在赫尔戈兰岛（Heligoland）、基尔（Kiel）、

↓第一次世界大战期间，汉德利·佩奇V/1500是投入批量生产的英军最大型轰炸机，一旁的S.E5a战斗机在其身旁显得相对渺小，不过此款轰炸机因为出现太晚而没有投入实战

普齐希（Pützig）和威廉港（Wilhelmshafen）等地拥有水上飞机基地。1914年12月，第一批水上飞机被派驻至德军占领下的比利时沿岸的基地，但到了战争即将结束的阶段，海军航空队的规模已经扩充到拥有数百架飞机，且安置于北海、波罗的海、黑海（Black Sea）西侧、土耳其境内黑海海岸以及爱琴海（Aegean Sea）沿岸地区等海岸地带至少32座基地内，主要集中在比利时沿岸；有一部分"腓特烈港"式（Friedrichshafen）和"汉莎–勃兰登堡"式（Hansa-Brandenburg）水上飞机从这个区域出发作战，并在北海的南部海湾内获得可观的战果。"汉莎–勃兰登堡"式还与从东安格利亚（East Anglia）基地出发的英国皇家海军航空队的"菲力克斯托"（Felixstowe）F.2飞艇发生空战。

1916年8月11日是航空史上值得注意的一天，一架索普威斯"骆驼"式战斗机从一艘被拖曳航行的驳船上发射升空，于北海上空拦截并击落一架L.53飞船；就在同一天，一支由14架汉莎–勃兰登堡W.29型浮筒式水上飞机组成的机队，标定了6艘英军海岸汽船的位置，并以机枪火力击沉了其中3艘。

英军广泛利用飞机进行多次近岸和海上任务，成为日后航空母舰（aircraft carrier）发展和运用的先驱。

舰载航空兵的诞生

导致发展出真正航空母舰的进程，是从自主力舰炮塔上加装的平台发射飞机开始，经过拖曳航行的驳船，再到特别装

↓第一次世界大战的大部分交战国都生产自己的军用机，奥匈帝国也不例外，比如国营航空工业公司D.I战斗机，其结构可靠性在投入使用之初引人质疑。装备为2挺8毫米口径施瓦茨罗瑟（Schwarzlose）机枪

设有飞行甲板的改装船只，例如轻型战列巡洋舰"暴怒"号（HMS Furious），从实质上来说它是第一艘真正的航空母舰（与较早期临时应急改装的海上飞机辅助舰相反，后者仅仅用来运输飞机），再将飞机用起重机吊到海面上以进行作战。

在战争后期，当小型的软式水上飞机（nonrigid airships）和大型的"菲力克斯托"水上飞机在英国海岸上空巡逻时，其任务是搜寻对英国海上交通线造成严重威胁的德国潜艇，而英国皇家海军航空队的各水上飞机中队以及之后的英国皇家空军，也有为数颇多的飞机在地中海区域服役。

第一次世界大战的另一个主要战场，也就是在东线，德军和俄军的空中武力从战争一开始时就十分活跃，俄军将实力集中在波兰东部，特别是加利西亚（Galicia）省境内。俄罗斯人只生产了少数本国设计的机型，大部分是引人注目的伊利亚·穆罗梅茨轰炸机，等到俄罗斯因为十月革命而退出战争之后，俄军操作的飞机变成以英国和法国的飞机为主。德军在东线操作的飞机基本上和西线的机型一样，但数量较少，投入战场的时间也稍微晚一些。然而从1917年春季开始，俄罗斯因不安定的政治、社会和经济局势最终导致十月革命而退出第一次世界大战协约国行列，此时的俄军航空兵的素质明显下降。

在南边远方，土耳其于1914年参加第一次世界大战，成为同盟国的一员，在英国海军大臣温斯顿·丘吉尔（Winston Churchill）的建议下，协约国计划从爱琴海进攻达达尼尔海峡，并夺取君士坦丁堡（Constantinople），以迫使土耳其人求和，并通过该地打开海上补给线，将补给物资和武器装备送达黑海各港口，以支援奋战中的俄罗斯。

最初的海军攻势于1915年3月失败，之后在英国海军和英国皇家海军航空队的飞机支援下，英联邦部队在加里波利

（Gallipoli）半岛进行了一连串的两栖突击行动，但都惨遭滑铁卢。负责支援的飞机是肖特184型浮筒式水上飞机，它们成为世界上首批成功空投鱼雷攻击敌舰的飞机，击沉了数艘小型土耳其船只。

德国的增援

　　土耳其缺乏有效的空中武力，因此德国从1915年4月起便派遣少量的飞机和空勤人员特遣队进行支援。土耳其部队的陆战打得非常漂亮，寸土不让，因此在1915年后期盟军认为无法达成任何决定性胜利，便从1915年12月开始撤军。

　　英国与其帝国盟友也在巴勒斯坦（Palestine）和美索不达米亚（Mesopotamia）等地与土耳其军交战。土军在这些地方

↑为了攻击德国和土耳其的航运，也为了保护英国周围的海上交通线，英军大量使用浮筒式水上飞机，比如图中的这些肖特184型，能够携带一枚小型的空投鱼雷或炸弹

只能投入徒具象征性的空中武力，尽管德军再次提供援助，但英军从头到尾都占了上风。同样的基本形势在美索不达米亚发展得相当明显，德国人对土耳其人提供的有限空中支援被英军的空中武力粉碎。在美索不达米亚区域，同盟国军队对土军地面部队的空中作战也协助英军建立了从空中执行"帝国警务"（imperial policing）的概念与实务，他们于20世纪20至30年代初期在北非、中东和印度等地将此概念发扬光大，飞机在这些地方可以迅速并有效地将特有的威力集中于难以从陆路到达的地方，因此他们可以在小型暴动扩大成大规模叛乱前便加以压制或消灭。

↓ 肖特184型浮筒式水上飞机是先由起重机从水上机母舰吊至水面上再起飞，任务结束后经由相反的程序降落并回收，鱼雷则是挂在支撑两侧浮筒的支架间

意大利前线

在同一时期，奥匈帝国的空中武力也有实质成长，且到了1916年底也推出了许多性能更佳的战机，比如航空工业公司（Aviatik）D.I和勃兰登堡D.I。到了1917年夏末，当德国派遣地面部队进入南方战区，试图挽救奥匈帝国的失败时，意大利的空中和地面部队便遭遇了更大的威胁。

意军在第12次伊松佐河（Isonzo）战役或称为卡波雷托（Caporetto）战役中惨遭打击，因此在1918年初需要英军和法军的增援来协助稳定战线。之后德军将部队抽出，转而投入到西线上最后五波的攻势中，因此双方又再度回到静态战，直到意军于1918年10月发动最后大攻势，迫使奥匈帝国于11月初提出休战要求。

两次大战之间的发展

在1918年第一次世界大战结束到1939年第二次世界大战爆发之间，航空科技先是经历了第一次世界大战结束后数年内的停滞不前，然后开始突飞猛进。在1918年，绝大部分的飞机都是以钢索支撑的木制结构，外表大部分是以翼布覆盖的双翼机，还有固定式的机尾着陆滑橇、钢索机身设备、敞篷式驾驶舱和一台功率约186.5千瓦的发动机。

20世纪20年代，主要变革是逐步采用更强力的发动机，并先是用钢材然后用铝合金取代木材来作为主要的结构，而这类飞机就被派上用场，直到20世纪30年代中期，在苏俄国内战争（Russian Civil War，1918至1921年）、苏波战争（Russio Polish War，1919至1920年）、南美洲的查科战争（Chaco War，1932至1935年）、从1931年起的中日战争第一

阶段、意大利征服阿比西尼亚（the Italian conques of Abyssinia，1935至1936年），甚至是西班牙内战（Spanish Civil War，1936至1939年）的初期阶段等冲突中，都可见到它们被投入战场。在西班牙内战中，西班牙国民军（Nationalist）获得了德国和意大利部队介入的可观援助，而他们的对手共和军（Republican）则得到苏联的物资支援。

到了20世纪30年代中期，有一个十分明显的主要变化，刚开始是作为美国发展金属应力蒙皮结构现代化飞机的结果，在飞机上配备后缘襟翼的悬臂式单翼、可收放式结构的起落架、封闭式机舱，发动机的马力更大，性能也更可靠，可推动可变距的螺旋桨。这一科技上的变革接着就扩散到军用飞机上，并从轰炸机开始运用。结果这一变革带来更好的性能表现，飞机可以携带更多炸弹，也可以配备更强的自卫火力，而当可以相匹敌的"现代化"战斗机出现时，它们引入了更强大的固定前射式武装。到了1939年，飞机的最高速度已经增长为之前的3倍，最高飞行高度也增长为之前的2倍（氧气面罩这时已成为标准化配备），而轰炸机航程和有效载荷的增加幅度也令人惊异。

← 1932年开始服役的马丁（Martin）B-10是美国陆军的第一款全金属轰炸机。然而两次大战之间的飞机设计日新月异，等到第二次世界大战爆发时，此款飞机已经是老旧机型，后继者为波音（Boeing）B-17"空中堡垒"式

2

西线战场：
1939 至 1945 年

当第一次世界大战在 1914 年爆发时，飞机尚未安装武器；到了 1939 年第二次世界大战爆发时，战斗机已经脱胎换骨。

←在面对德军的大举入侵时，波兰人所能集结的最佳的战斗机是自制的PZL P.11，该机相当灵活，但武装过于薄弱，因此战斗力并不令人满意阿道夫·希特勒（Adolf Hitler）在未受西方盟国阻挠的情况下取得萨尔区（Saarland）和莱茵区（Rhineland）〔这两个地区都是根据第一次世界大战结束后签订的《凡尔赛和约》（Versailles Treaty）而由盟国控制的〕，以及奥地利和捷克斯洛伐克后，便将他的注意力转向波兰。希特勒的军事参谋人员希望在入侵波兰时打一场新形态的战役，其中行动快速的地面部队将以迅雷不及掩耳的速度对付一连串目标，而进行这种"闪电战"（Blitzkrieg）的关键就是来自空中的近距离空中支援。

德国通过生产出口用的军用飞机以及发展一系列先进商用飞机的方式，巧妙地回避《凡尔赛和约》对德国生产军用飞机的限制。因此在德军入侵波兰前夕，德国空军（Luftwaffe）能够投入多款当时世界上最佳的飞机，包括He-111和Do-17轰炸机、Ju-87俯冲轰炸机、Bf-110重型战斗机——也就是所谓的"驱逐机"（Zerstörer）、Bf-109单发动机战斗机、Hs-123对地攻击机和Hs-126侦察机，此外还有由Ju-52/3m运输机组成的机队。当进攻波兰的"白色方案"（Fall Weiss）于1939年9月1日清晨4时26分展开时，这些飞机就在作战中发动猛烈攻击，主要目标是在支援陆军部队之前先摧毁波兰空军。

相比之下，波兰性能最好的战斗机PZL P.11C[①]尽管能够

---

① PZL原文为Państwowe Zakady Lotnicze，意为波兰国营航空制造厂。——译者注

P.11c	
类　　　型: 单座单翼截击机和轻型攻击机	实用升限: 8001米
发 动 机: 1台373千瓦斯柯达制造的布里斯托	重　　　量: 最大起飞重量1796千克
尔"水星"VIS.2星形活塞发动机	武　　　器: 2挺7.7毫米口径机枪
最大航速: 在5486米高度为389千米/小时	尺　　　寸: 翼展　　10.72米
初始爬升率: 6分钟升至4999米	机长　　7.54米
作战半径: 满载时700千米	机高　　2.84米

在空战中和Bf-110交手,却毫无战胜Bf-109的希望,或许PZL
P.37"麋鹿"式(Los)是波兰最有用的作战飞机,然而在德
军入侵时,这款先进的轰炸机只有36架正在服役。

第一款投入行动的德国空军飞机,是第1俯冲轰炸机联队
(Stukageschwader,StG)的Ju-87B-1"斯图卡"(Stuka)俯
冲轰炸机,以及第3轰炸机联队的Do-17Z-2轰炸机,它们负
责攻击桥梁、机场和其他军事目标。华沙(Warsaw)和克拉
科夫(Krakow)也遭受德军空袭,而He-111则沿着波罗的海

海岸出击，攻击波兰的海军设施。

驱逐机群的Bf–110为轰炸机护航，其空勤组员随即采用俯冲和爬升战术击败灵巧的PZL战斗机。在9月3日于华沙上空进行一场大规模空战后，对波军战斗机飞行员来说，战斗大体上可说是已经结束了，而德国空军则重新派遣Bf–110进行低空扫射。当苏联于9月17日入侵后，波兰实际上已经输了，但华沙一直到9月27日，也就是德国空军派出1150架次的轰炸机至该市执行轰炸任务的3天之后才投降。最后波兰于1939年10月6日陷落。

就希特勒主宰欧洲以及最终支配世界的野心而言，挪威具有举足轻重的重要性，只有占领这个国家，才能保证对希特勒战争工业来说至关重要的瑞典铁矿供应；挪威本身也具有重要的军事价值，德国海军（Kriegsmarine）从挪威的港

← 图为法军阿尔卑斯山地部队（Chasseurs Alpines）的士兵正看着一架准备从挪威冰冻湖面上起飞的英军布莱克本（Blackburn）贼鸥（skua）式战斗机。这些飞机太晚抵达当地，因此无法挽回盟军在挪威的战败

口出发，可以在北海作战，而以挪威为基地的德国空军轰炸机则能够攻击英国。

挪威战役

在英国，海军大臣丘吉尔强烈要求，希望能够在挪威水域布雷，以阻止在挪威航道上往来航行的德国铁矿运输船，但即使当时希特勒正计划入侵该地，丘吉尔的建议还是被忽略了。结果在1940年2月16日，英国皇家海军人员强行登上一艘载有英军战俘的德国船只，尽管这次的登舰事件具有合法性，希特勒还是抓住机会，以此作为入侵的借口；他也考虑到应该占领丹麦，因为德国空军需要位于奥尔堡（Aalborg）的大型机场设施，以便于进行突击挪威的任务。

←←纳尔维克成为德军全神贯注的焦点。如同这张1940年4月拍摄的照片所证实的，德军轰炸摧毁了港内许多船舰

低地国家的陷落

在1940年5月10日德军猛攻期间，英国驻法空军无法协助比利时。虽然英国驻法空军派遣战斗机出击，但英国皇家空军战斗机司令部和英军轰炸机司令部也均派出少数"布伦海姆"式对付比利时境内的目标。5月11日，战斗机司令部派出以英国为基地的"飓风"式至比利时和荷兰上空，而先进航空打击军的"飓风"式则攻击地面上的Ju-52/3m运输机和空中的Ju-87。战斗机司令部于5月13日再度展开行动，派遣"喷火"式I型和配备武装炮塔的"无畏"式（Defiant）战斗机参战。在第264中队派出的6架"无畏"式中，只有1架平安归来。地面上的苦斗依然持续，但在5月14日下午，第54轰炸机联队的He-111H-1轰炸机展开了一场大规模空袭，摧毁了鹿特丹的大片区域，迫使荷兰投降。

←←对被包围在敦刻尔克（Dunkirk）周围的盟军官兵来说，等待是漫长而血腥的。由于天气不佳妨碍了飞行，他们几乎没有任何空中支援

就在1940年4月9日清晨5时过后，德军进攻部队越过丹麦边界，同时从海上登陆，跟在他们之后的是德国空军的另一种有力武装，也就是伞兵（Fallschrimjäger），他们首度投入战场以攻占奥尔堡的机场。20分钟之内，Ju–52/3m运输机就降落在机场上，源源不断地输出部队和装备，给丹麦造成强大的压力。到了当天晚上，哥本哈根（Copenhagen）就陷落了，德军牢牢地掌控了丹麦。

挪威也在4月9日一早遭到德军攻击。攻击一开始由海军部队执行，即使英国皇家空军一架"桑德兰"式（Sunderland）飞机已经在4月8日下午15时于特伦汉（Trondheim）海岸外发现德军船舰，但攻击依然给英军和挪军造成震撼。随着部队开始登岸，Bf–110机开始扫射目标，迅速地消灭挪军由斗士（Gladiator）II型双翼机组成的弱小部队。在对军事设施进行轰炸攻击之后，接下来抵达的就是伞兵部队，他们迅速夺取该国的各主要机场。不过尽管如此，英国皇家海军在4月11日英勇地卷土重来，以第803海军航空中队（Naval Air Squadron，NAS）的8架"贼鸥"式机发动一连串攻击，击沉"柯尼斯堡"号（Königsberg）。由于天气恶劣使得德国空军无法出动，英军部队因此能够在4月15日于哈尔斯塔（Harstad）登陆，然后16日在纳姆索斯（Namsos）登陆，18日则在翁达尔斯内斯（Andalsnes）登陆。然而德军方面认清这一威胁，德国空军就调派轰炸机攻击这三处登陆地点，以及其他挪军和英军的抵抗口袋。

4月23日，从航空母舰"光荣"号（Glorious）上飞离的英国皇家空军第263中队斗士战斗机，试图抵抗德国空军的攻击，但是徒劳无功。这些双翼机从结冰的莱沙斯库格（Lesjaskog）湖起飞，却难以进行作战，到了4月25日晚上，

该中队当中的11架飞机就无法胜任战斗任务了。到了4月26日，战斗终于结束，当附近的翁达尔斯内斯被德国空军炸平时，幸存的机组人员撤离。

此时，盟军在挪威的最后据点只剩下纳尔维克。当时间从1940年的4月进入5月时，德国空军尽可能地强化在挪威的

敦刻尔克大撤退

丘吉尔于尼维尔·张伯伦（Neville Chamberlain）辞职之后当上英国首相，而他在1940年5月20日决定将英国部队撤出欧洲大陆。由于德军的进展过于神速，因此这时德国国防军的交通线变得延伸过度，而当盟军部队开始集结在敦刻尔克-欧斯坦地区准备撤离时，希特勒下令装甲部队停止攻势。他的指挥官们希望继续逼近，以横扫被困在海岸上的大批盟军部队，但这个任务反而落在德国空军身上。

自从5月15日起，空军上将休·道丁爵士（Sir Hugh Dowding）就已经反对派遣战斗机支援法国的行动，他相信他们应该被保留作为英国保卫战的预备队；而当撤出法国的行动证明他的观点正确时，这意味着敦刻尔克大撤退的空中掩护必须要由英国境内的基地提供，"无畏"式、"喷火"式和"飓风"式因此参与了重新展开的空中支援作战。对盟军来说幸运的是，进行撤离的海滩正位于德国空军Bf-109和Ju-87的航程极限位置。但尽管如此，残余的盟军要塞和为进行撤离而集中的小船队仍遭受持续性的轰炸威胁。

撤退行动于5月26日展开，结果受到德国空军的严重阻挠。5月29日早晨天气状况不良使德军飞机无法起飞，但随着天气在下午好转，英国皇家空军采用比以往更大规模的兵力进行巡逻。5月30日，天气再度有利于盟军，结果当天有58823名人员撤离；次日，当大雾进一步阻碍空中行动时，又有68014名人员撤离。6月1日早晨，Ju-87利用天气状况缓和的机会攻击盟军船只，但天气又再度变差，使得撤离行动得以一直持续到6月4日，到了那时已有338626名盟军撤出法国。

兵力，以夺取纳尔维克，而盟军的空中支援只有来自不幸的第263中队的斗士式和英国皇家空军第46中队的"飓风"式（Hurricane）I型；前者再一次从"光荣"号起飞，这一次于5月26日抵达巴尔杜福斯（Bardufoss），在当地与"飓风"式会合。纳尔维克一直在盟军的控制之下，但到了6月初，德军部队横扫法国，英国别无选择，只好把部队从挪威撤出。

向更大的目标迈进

对希特勒而言，欧洲的最大目标就是英国，当他的部队还在和波军交战时，他就已经计划了一次穿越比利时和荷兰进入法国，接着直取海峡港口的侵略行动，如此一来他便得以集结一支用来攻击英国的入侵舰队。德军入侵西欧的"黄色方案"

亨克尔He-111

类　　型：中型轰炸机		武　　装：最多可达7挺7.92毫米MG15或	
动力来源：2台986千瓦Jumo 211F-1液冷式倒		MG81机枪；最高可达2000千克	
V-12活塞发动机		内载炸弹或2500千克外挂炸弹	
最高速度：400千米 / 时		尺　　寸：翼展　　　22.5米	
作战高度：8390米		长度　　　16.4米	
重　　量：空机重为7720千克；最大起飞重		高度　　　3.9米	
量为14075千克		机翼面积　86.5平方米	

（Fall Gelb）于1940年5月10日发动，首先是大胆无畏的滑翔机机降部队和伞兵部队于比利时和荷兰境内展开空降突击，之后德军就跟在他们后面成群地拥入荷兰和比利时，穿越卢森堡。

↓在不列颠之役期间，皇家空军"飓风"式战斗机摧毁的敌机数比所有其他防卫武器加起来的还要多。图为在该战役中，第56中队的战斗机正从北威尔德（North Weald）的机场紧急起飞

荷兰崩溃

早在5月10日凌晨3时，德军轰炸机就已开始行动，特别是第4轰炸机联队攻击了瓦尔港-鹿特丹（Waalhaven-Rotterdam）的机场，几个小时之后Ju-52/3m运输机就开始降落。荷军只在空中进行了微弱的抵抗，荷军的福克D.XXI战斗机对德国空军的Bf-109E和Bf-110战斗机来说，只是微不足道的挑战。

作为英法联军的一部分，英国远征军（British

Expeditionary Force，BEF）已经在法国境内集结大量部队以及两支空中武力，当中英国驻法空军（British Air Forces France，BAFF）编组的任务是支援英国远征军作战，下辖操作"莱桑德"式（Lysander）、"布伦海姆"式（Blenheim）和"飓风"式等机种的各中队；第二支编组是前进航空打击航空队（Advanced Air Striking Force，AASF），功能是补充兵力严重不足的法军现代化轰炸机部队，因此由"战斗"

式（Battle）、"布伦海姆"式轰炸机以及"飓风"式战机组成。

防卫法兰西

先进航空打击军由法军指挥，于5月10日中午首度投入战场，攻击卢森堡境内的德军，参与最初空袭的共有8架"战斗"式，其中有3架被击落，而接下来的几波空袭也对各单位的"战斗"式造成惨重损失。到了5月12日，英法联军将注意力集中在阻断通往马斯特里赫特（Maastricht）横跨阿尔贝特（Albert）运河桥梁的道路，盟军方面再次投入"战斗"式和"布伦海姆"式轰炸机，同样蒙受了惨重的损失，而加尔兰得（D. E. Garland）中尉和格雷（T. Gray）中士因为坚持进攻而获颁维多利亚十字勋章（Victoria Cross），不过他们两人和"战斗"式座机再也没有返回；但他们的无线电操作员二等兵雷诺德（L. R. Reynolds）则没有获得勋章。此时英国远征军的作战重点是防卫法国。

5月13日，德军渡过了默兹河（Meuse）进入法国，并在色当（Sedan）建立桥头堡，盟军立即派出"战斗"式、"布伦海姆"式、LeO451①飞机和阿米奥特（Amiot）354轰炸机实施攻击，但其轰炸机部队到5月14日就已瓦解。即使有法军的D.520、MS.406、布洛绪（Bloch）152与霍克（Hawk）75式战斗机支援英国皇家空军的战斗机阵容，德军在空中和地面的凌厉推进已势不可挡。到5月19日，英国驻法空军和先进航空打击军的残部只好向西方撤退。

即使天气持续恶劣，法国空军（Armée de l'Air）依然操作

---

① LeO为黎欧黑－欧利维耶（Lioré-et-Olivier）的缩写。——译者注

时运不济的"无畏"式

1940年7月19日，英国皇家空军得到了空袭机群在法国海岸上空集结的早期预警，然而Ju-87B-2能够在没有对手拦截的状况下攻击多佛港内的船只。为了报复德军空袭多佛，战斗机司令部派出"飓风"式和"无畏"式，后者的任务是在法国海岸外进行低空巡逻。第111中队的"飓风"式发现Bf-109E攻击第141中队的"无畏"式，但因为无线电问题而无法集中多架飞机攻击德军。"无畏"式遭到梅塞施密特战斗机的猛烈攻击，因为飞行员明白"无畏"式的机枪塔无法对付来自后方和下方的攻击。在出击的9架"无畏"式中，只有3架返回基地，随后此型战斗机便退出日间战斗机的行列。

各式各样的战机英勇奋战以保卫巴黎，但随着德军地面部队向南推进已经远达里昂（Lyon），法国领导人便于1940年6月22日签署停战协定。

不列颠之役

丘吉尔于1940年6月底宣布："法兰西之役……结束了，但不列颠之役（Battle of Britain）即将展开。"鉴于德军无法对英国诸岛屿进行"闪电战"，因此要征服英国只有三种可能：海上封锁可以让英国挨饿直到屈服；大规模轰炸作战也可让英国跪地求饶；如果能在英国南部上空建立空中优势的话，也许就能够进行入侵行动。历史记录显示后者是曾经被使用的方法。

6月5日夜间，德军首次对英国进行空袭，由Ju-88A-1和He-111H-1轰炸机攻击米尔登霍尔（Mildenhall）的机场，接

↑ 对地面上好奇的观众而言，在不列颠之役中双方缠斗的唯一证据也许就是战斗机废气在高空形成的混乱的凝结尾流

着在6日进行另一波空袭，然后攻击行动于6月18日再度展开。德军的目标是机场，空袭的最初目的是为了回应英军轰炸机司令部于5月15日到16日对德国鲁尔（Ruhr）地区进行的首波战略性攻击任务，而这次攻击本身则是为了报复德军袭击鹿特丹。此时德军对英国的夜间作战或多或少地持续进行，就像英军轰炸机司令部对德国的空袭一样。不列颠之役的第一阶段已经展开，德国空军试图夺取英吉利海峡的制空权，并在同一时间封锁英国的航运。德军派出Bf-109E在英吉利海峡上空执行自由追击任务，企图引诱英国皇家空军出击，而Do-17Z、Ju-88、He-111和Ju-87战机就攻击机场、航运及沿岸目标。7月10日，德国空军提高作战的层级，对一支运输船队进行大规模空袭，英军的"喷火"式（Spitfire）和"飓风"式参战，和Do-17Z与护航的Bf-110C交手，结果导致多达100架飞机被卷

入空中缠斗，现在，这一天被公认为不列颠之役的第一天，到了第二天，也就是7月11日，德国空军总司令部便下令对英国进行更深入的空中作战。

英军已经建立了本岛预警雷达站（Chain Home Radar Station）作业网络，再加上战斗机指挥体系以及训练良好的观测队（Observer Corps），英国皇家空军经常可以克服德国空军拥有的奇袭和高度优势。因此就是在7月11日清晨的成功空袭后，英军即时收到了"斯图卡"机群准备空袭波特兰（Portland）的警告。"斯图卡"轰炸机由Bf-110C护航，但英国皇家空军派去进行拦截的4个战斗机中队已经做好战斗准备，当这些护航机发现自己无法跟着英军战机一样调头时，他们就迅速解决了Ju-87，结果一共击落了4架。战斗过后，这两款战机就不曾在西方的天空进行日间作战。此外，天气不佳也使得飞机几乎无法起飞，云层一直到7月19日才散去，海峡中的几支运输船队因此暴露行踪。

当天气状况允许时，德国空军便持续以类似的强度进行作战，7月25日则是一次例外，因为大批的Bf-109E战机在当天压倒了拦截的英国皇家空军战机。天气状况自8月8日起开始改善，空战的规模因而升级，而这正是英国战斗机司令部（Fighter Command）集中所有资源对抗轰炸机群的时候。

"鹰"日

此时，德国空军已经在为作战中最主要的"鹰击行动"（Adlerangriff）制订计划，预计将于"鹰"日（Adlertag）展开。为了尽快在天气状况许可时采取行动，"鹰"日原预定为8月10日，但最后延至13日。众所周知极不可靠的德国空军

图为这些英国皇家空军第610中队"喷火"式I型的飞行员对着镜头重演紧急起飞的场面。在1940年的夏季,这可以说是英国战斗机机场的经典景象

情报单位，认为战斗机司令部已在8日遭到惨痛打击，这一结论使最高统帅部深受其害。然而另一方面也使他们认识到雷达系统对英国皇家空军防务的重要性，因此迅即采取反制雷达的战术。德国空军也接受Bf-110被击败的事实，但这款大型的梅塞施密特（Messerschmitt）战机已经被指定作为远程战斗轰炸机（Jagdbomber，Jabo）使用，即将深入英国执行任务。

"鹰击"的需要占了上风，而早在8月12日晚间英军的战斗机基地便再一次遭受德军集中火力打击，此外第210试飞大队（Erprobungsgruppe）的Bf-110C-6战斗轰炸机也进行了一次大胆的低空进袭，攻击海岸的雷达站。

8月13日的战事在混乱中揭开序幕。德国空军总司令、帝国元帅戈林（Göring）因为预报称天气不佳的原因，下令取消鹰击，但不是所有已经升空的单位都收到了这一信息，导致第2轰炸机联队的Do-17Z-2在没有战斗机掩护的状况下飞抵英国上空，而一次由第2战斗机联队第1大队Bf-110执行的自由追击任务，照计划将与第54轰炸机联队的空袭协同，但结果却是战斗机已经就位，轰炸机还无影无踪。一直到下午稍晚的时候，尽管天气状况还是不佳，大规模空袭依然展开了。入夜后，德军的轰炸仍继续进行，到当天结束时，德国空军一共损失了45架飞机，战斗机司令部损失了13架。天气在8月14日的战斗中扮演了决定性角色，使空袭行动降至最低限度，但到了8月15日，英国皇家空军的

↓在入侵低地国家和法国期间，Bf-110依然是一款极为有效的昼间战斗机，图为第52驱逐机联队第一大队的Bf-110C

梅塞施密特Bf-110

类　　型：重型战斗机	武　　装：2门20毫米MG FF/M机炮； 4挺7.92毫米MG17机枪；1 挺7.92毫米MG15机枪
动力来源：2台809千瓦戴姆勒—奔驰（Daimler- Benz）DB 601B-1 逆V-12活塞发动机	
最高速度：560千米／时	尺　　寸：翼展　　16.3米
作战高度：10500米	长度　　12.3米
重　　量：空机重为4500千克；最大起飞重量 为6700千克	高度　　3.35米
	机翼面积：38.8平方米

第41、第72、第73、第79、第605中队和第616中队在与第26轰
炸机联队的He-111H-1及护航的Bf-110D-0，还有第30轰炸机
联队的Ju-88A-1交手时打了一场漂亮的胜仗，德国空军在当
天损失了79架飞机，英国皇家空军只折损了34架。

战术的改变

　　德国空军的战术显然失败了。在没有战斗机紧密护航的状
况下，再也不能派遣轰炸机于日间飞越敌方领土上空了。英国
皇家空军已经开始忽视执行自由追击任务的敌机，目的是集中
火力打击下方的轰炸机，而随着轰炸机和机组人员损失数量的
上升，德军便做出战斗机要持续紧密护航轰炸机的决定，英国
皇家空军的飞行员于8月16日注意到这个新战术，当时Bf-109E

被发现与轰炸机飞在同一高度，就在它们两侧及前方，左右摇摆以保持低速并维持编队队形。作战再一次完全因为天气因素而无法进行，但到了8月18日，"斯图卡"轰炸机再次被投入战场，结果又蒙受惨重损失。这场空战非常激烈，持续了一整天，最终德军损失了71架飞机，英国皇家空军则有27架被击落。

不列颠之役中最艰苦的一天已经结束，但英国皇家空军却极为缺乏可以随时准备驾机升空的飞行员来操作大量新型和已修复的飞机。当经验丰富但筋疲力尽的飞行员需要休息的时候，战争对他们的战技的需求也愈来愈强，战斗机司令部因此被迫保留一群由资深人员担任的干部，再用来自"战斗"式和"莱桑德"式战机中队和刚结束训练的新人进行支援，那里的许多教官已经奉命去前线服役。当时战斗机司令部正处于最低潮，无法维持作战的步调。

←─←戈林（前右）是战争初期最受希特勒宠爱的将领之一，但到了不列颠之役的时候，希特勒就已经对他领导空军的方式多有批评

空中闪击战

1940年9月7日德军展开对伦敦的第一次空袭，出动348架各型轰炸机，还有617架Bf-109和Bf-110战斗机紧密护航。英国战斗机司令部也毫不客气地反击，击落了41架敌机，本身损失28架。空袭行动一直持续至9月15日，德军一连串的攻击都遭到英国战斗机的坚决抵抗。到当天结束时，德军有60架战机被击落，却只击落了26架敌机。英国皇家空军战斗机司令部面对着所有的可能性，赢得了一场引人注目的胜利。这导致了德国空军的另一项战术变革，其行动准则变成战斗轰炸机在日间低空进攻，轰炸机则在夜间对伦敦空袭，此外也直接导致希特勒决定延后入侵英国的"海狮行动"（Seelöwe）。

输掉战役？

↓在德国空军进行
的另一波空袭后，
伦敦市区起火燃
烧，图片前方是伦
敦塔桥。当不列颠
之役持续进行时，
对伦敦的大规模空
袭变得愈来愈常见

德国空军持续对英国皇家空军的机场施压，所谓的防区机场（sector airfields）对于战斗机指挥通信链来说是不可或缺的重要环节，特别需要担心是否被摧毁。英军高层下令以最少的资源对付敌机，以避免发生代价高昂的战斗机空战。另一方面，戈林考量到德国空军应该集中军力，借由轰炸来歼灭敌军战斗机，他企图让梅塞施密特战斗机和轰炸机编队更紧密地结合在一起。戈林也承受攻击英军轰炸机司令部的压力，因为英

军正对海峡上各处港口进行空袭，而德军部队正集结在那些地方，为即将进行的登陆做准备，各战斗机联队这时被迫以"又低又慢"的姿势迎击敌军，在空中消灭英国皇家空军战斗机司令部的机会已经错失了。

不过虽然如此，战斗机司令部仍遭受严重损失，战斗机飞行员不断阵亡，因此无法维持英国的空防。但之后到了8月25日夜间，英军轰炸机司令部首度派机攻击柏林，希特勒对此大发雷霆，戈林也非常尴尬，而结果就是一个将会影响战争走向决策的出炉。当德国空军于9月7日改变战术时，7个防区基地当中已经有6个遭到打击而无法运作，无法替补的飞行员仍以骇人的速率消耗。为了报复英军对柏林的空袭，德军指定了一个新目标：伦敦。

到了9月17日，希特勒心里已经在盘算着对苏联的战争，

↓1941年初，德军将Bf-109F投入战场，以免"喷火"V型在战斗中占据上风。图为第2战斗机联队的Bf-109F-2

↑如果Bf-109F让英国皇家空军感觉日子更难过的话，那么Fw-190A就称得上是严重打击了，英军方面之后发展出一款"喷火"式的全新改良型IX型以对付此款战斗机

于是发出了声明，当德国空军轰炸机狂轰伦敦时，入侵英国的行动可以暂缓。此时，英国皇家空军奋力抵抗难以捉摸的敌人，这座城市的居民也遭受着夜间降临的恐慌。但就整体而言，英国战斗机司令部和这个国家已经得救了。

德国空军已经在导航设备方面进行了许多研究，也在夜间轰炸作战上投资了许久，此刻德军已在伦敦战役中获得回报。相反，英军轰炸机司令部并没有做什么来找出对抗夜间轰炸的方案，因此当德国空军以合理的精确度进行轰炸时，英国守军就跟瞎子没什么两样。

"夜间闪电"

当英军奋力地将刚研发展出的AI III型对空雷达装制设置到适合的机身中以进行夜间战斗任务时，意大利的战斗机和轰炸机部队也加入了德国空军的行列，参与对英国皇家空军的

"最后毁灭"。不过意军虽然于9月期间就已抵达法国，但一直到11月才投入战斗，结果证明他们缺乏这方面的能力，在对付哈里奇（Harwich）的空袭中，6架BR.20M轰炸机和3架战斗机（很可能是CR.42双翼机和G.50bis单翼机）被"飓风"式战斗机击落，而英军方面则完全没有损失，因此意军飞机就再也没有参与大规模空袭行动。英国的实验室这时已经开始研发侦测德军轰炸机的设备。"布伦海姆"式最后终于装上了雷达，之后也马上安装到"英俊战士"式（Beaufighter）战斗机早期机型上，而英国科学家也研发出可以依据德军导航信号进行追踪的装置。英军建立了一套地面指挥拦截雷达系统，能够指挥英国皇家空军的夜间战斗机并引导它们到机载雷达的搜索范围内。

德军高层在10月时颁布了新命令，使所谓的"夜间闪电"

↓迪耶普登陆的计划构想相当不理想，且空中支援的管理不佳。然而英国皇家空军战斗机的掩护成功，保护了英国皇家海军的船舰，其中只有两艘受损而已

尽管"布伦海姆"式和德国空军的战斗机相比之下明显过时，也非常容易受到高射炮火的伤害，但它在1940年时依然是英国远征军的关键机型之一。图中这些"布伦海姆" IV型隶属于第139中队，它们在法国作战

空袭进入了新阶段。伦敦依然是主要目标，但增加了工业设施和其他城市作为新目标。德军继续进行大规模且充满毁灭性的空袭，特别是针对考文垂（Coventry），该市在11月14日到15日的夜间遭到彻底毁灭，但守军于1940年11月19日到20日真正向前踏出了一步，当时康宁汉（Cunningham）上尉和菲利普森（Phillipson）中士驾驶装备AI IV型对空雷达的"英俊战士"式战斗机击落一架Ju-88。当夜间战斗机和防空措施改进时，英国皇家空军也开始干扰德国空军的导航信号，而德国空军就是在这个时候再度改变了战术。在1941年1、2月间，天气再次不利于持久作战，但德国空军在2月19日到20日的夜晚展开新一轮空袭，把航运也列为目标。这些行动一直持续到5月初，但英军夜间战斗机的胜利不断增多，而其他战区也极力要求德国空军轰炸机部队的增援，因此各轰炸机联队很快开始撤出，"闪电空袭"便中止。不列颠之役终于结束了。

英国战斗机司令部由于要从事对抗夜间空袭的任务，因此不愿意调遣飞机至其他战区。入侵的威胁已经降低，但不是完全解除，所以大批以英国为基地的日间战斗机单位没有太多工作要做，因为德国空军在白昼的威胁已经完全消失了。另外在1940年12月20日，第66中队的两架"喷火"式机从低空飞入迪耶普（Dieppe）附近的敌方空域，飞入了内陆纵深地区，扫射电力设施、兵营和车辆。战斗机司令部开始转守为攻了。

战斗机攻势

战斗机司令部第11联队的新任指挥官利–马洛里（Leigh-Mallory）认为，在法国和比利时海岸上的德军部队正过着快活的日子，他们不用担心遭受攻击，可以随意地作战。他在整

海峡冲刺

由于长久以来系泊在布列斯特港，并多次沦为空中轰炸的目标，战列巡洋舰"沙恩霍斯特"号和"格耐森瑙"号，以及重巡洋舰"欧根亲王"号终于在1942年2月11日晚企图杀出重围。德国空军大举出动以掩护这一行动，但英军一直没有做出反应，直到尤金·艾斯蒙（Eugene Esmonde）少校在第二天清晨下令第825海军航空中队的"剑鱼"式机升空为止。英军浴血奋战，猛烈攻击，德军的Fw-190与英军的"剑鱼"式及其护航的"喷火"式战斗不休。结果英军所有的鱼雷轰炸机均被击落，18名机组人员中只有5名侥幸生还，艾斯蒙在身故之后获追授维多利亚十字勋章。

超级梅林"喷火"式IX型

类　　型：单座战斗机	武　　装：2门西斯帕诺20毫米口径机炮
动力来源：1台1129千瓦V-12劳斯莱斯（Rolls Royce）梅林61活塞发动机	和4挺7.92毫米机枪或2挺12.7毫米口径机枪；454千克炸弹
最高速度：657千米/时	尺　　寸：翼展　　　11.2米
作战高度：12192米	长度　　　9.5米
重　　量：空机重为2545千克；最大起飞重量为3402千克	高度　　　3.6米
	机翼面积　22.4平方米

场不列颠之役期间鼓吹运用"大联队"（Big Wing）战术——大致上就和德国空军的自由追击差不多，而这时他更推动运用这一大型战斗机编组进行攻击，扫荡被占领的地区。结果，当这类战术依然是作战核心时，就衍生出几种不同形式的任务，每一种形式都有一个代号，刚开始时被称为"蚊子"（Mosquito），之后被定名为"大黄"（Rhubarb），是由许多两架为一组的战斗机或分队进行低空扫荡，这种作战模式日渐普及；此外入侵行动也已展开，在当中"布伦海姆"式和稍后的道格拉斯（Douglas）DB-7或"浩劫"式（Havoc）埋伏在德军轰炸机基地附近上空，希望能够在轰炸机升空进行夜间轰炸时造成扰乱。战斗机扫荡行动于1941年1月9日首度进行，德国空军拒绝与之交战，就如同英国皇家空军最终还是避免对德国空军的自由追击行动做出反应。形势相当明显，需要以轰炸机作为诱饵参战，引出德国的梅塞施密特战斗机，再由"飓风"式和"喷火"式战斗机加以攻击。结果是第2联队负责了大部分工作，而当第一次所谓的"马戏团任务"（Circus Missions）于1月10日进行时，总计有6架"布伦海姆"式，还有来自6个中队的"喷火"式和"飓风"式战斗机参战。"飓风"式紧密地为"布伦海姆"式护航，"喷火"式则留在后方于较高的位置待机，准备随时打击升空防御的德军战机。这次空袭行动非常顺利，一些Bf-109E被诱出而卷入空战。有一架"飓风"式被击落，其余的战机则降低至树梢高度，随机挑选目标扫射，并四处搜寻正在维修或起飞的德国空军战机，而德军轰炸机则趁乱低飞逃逸无踪。这些英国皇家空军飞行员在低空和敌军缠斗时表现出的攻击性是个好兆头；但英军高层则认为进行攻击时应该更小心，免得损失数字开始累积上升，这一直要到1943年底才会更进一步运用低空战术。

　　"马戏团任务"的行动模式在整个1941年间持续，且随着"沙恩霍斯特"号（Scharnhorst）和"格耐森瑙"号（Gneisenu）停泊在布列斯特（Brest）而加重了德国空军的防卫负担。从正面来看，当地空军单位接收了改良许多的Bf-109F战斗机，并且在沿着面对敌方领域的海岸线上建设了早期预警雷达系统。到了1941年6月中旬，"马戏团"作战行动已经证明对敌我双方造成的损失不相上下，随后在6月22日，长期以来拦截并破译德军最高机密通信情报的英国得知了德国国防军（Wehrmacht）进攻苏联的消息。当德国空军的战斗机部队被调派到东方时，西线只剩下两个完整的联队（Geschwader）在法国，即第2和第26战斗机联队，因此加强攻势就变成优先要务。这两个单位以精英飞行员（Experten）为核心，而当英国皇家空军奋力地在"喷火"式的航程范围内寻找德国空军认为值得防御的目标时，却也发现尽管不断地蒙受损失，但没有多少战果，所以战斗机司令部高层内反对进行"马戏团任务"的声浪开始加强。不过尽管如此，他们依然持续进行这个行动，连同其他作战，包括针对航运的"锚地任务"（Roadstead），以及内容为派遣由轰炸机或战斗轰炸机组成的庞大机队以摧毁特定目标的"通枪条行动"（Ramrod）在内。8月31日，德军一架新型战斗机击落了一架"飓风"式战斗机。Fw-190已经开始服役，而盟军最新锐的战斗机，比如"喷火"式V型，相比之下立刻甘拜下风。

迪耶普的灾难

　　英国皇家空军在1941年放慢了作战的脚步，之后于1942年3月再次对欧洲大陆展开攻势，在这新一轮的攻势中，包括只

用战斗机进行扫荡的"罗得欧行动"（Rodeo）和进行轰炸攻击的"波士顿行动"（Boston）。然而到了4月，英国皇家空军比德国空军损失更多飞机的事实愈来愈清楚，攻势因而中止，等到了7月时再以避免和战斗机特别是德军的Fw-190接触的方式重新展开。

在技术方面居下风的这段时间，盟国与刚参战的美国同心协力，开始计划一场进入欧洲大陆的作战。由于考虑到可能会在1943年春季进行一次大规模突击，因此需要进行侦察以评估德军的抵抗能力。1942年8月19日，盟军部队在迪耶普登陆，英国皇家空军将第一批终于可以和Fw-190匹敌的"喷火"式IX型投入作战，还有新型的"台风"式（Typhoon）IB型以及"野马"式（Mustang）I型。战斗机在防卫舰队时表现良好，但当Fw-190以充满攻击性的高超技巧升空战斗后，盟军的伤亡变得十分惨重，地面上登陆部队的进展也十分缓慢，整场作战因此被认为是一场"血淋淋"的失败。盟军在迪耶普登陆战吸取到的教训相当值得注意，但这却象征着美国陆军航空队（United States Army Air Force，USAAF）首度投入"马戏团行动"。其中，B-17E"空中堡垒"（Flying Fortress）轰炸机攻击了德国空军第26战斗机联队在阿布维尔（Abbeville）的基地。

轰炸机投入战斗

对德军来说，B-17的空袭在刚开始时经证明是难以抵挡的，Fw-190和新型的高空型Bf-109G-1奋不顾身地想要穿透轰炸机的防御火网，德国空军被迫发展新战术以击败B-17以及之后的B-24"解放者"（Liberator）轰炸机，美国陆军航空队

← ← 在 D 日期间内，英国皇家空军和美国航空队的重型轰炸机均发挥了重要作用。图中这架看起来身经百战的美国航空队B-17正飞越诺曼底滩头上空

↑对这些搭乘C-47飞往诺曼底的美军部队来说，飞行中抽一根烟的危险跟他们即将面临的危险相比根本算不上什么，有几架运输机甚至在里面的伞兵一个也没跳出来的情况下就被击落了

因此最终认清了轰炸机无力自我防卫，必须派出战斗机护航以确保轰炸行动成功的事实。到了10月，盟军登陆北非的准备工作已在进行中，而德军战斗机单位就在1942年11月8日从法国撤回以对抗盟军威胁。盟军在西方的攻势依然持续，没有减弱，然而在11月23日第2战斗机联队第3大队的Fw-190第一次对B-17进行正面迎头攻击，这款庞大轰炸机的弱点已经被发现了。

从1940年底起，德军的战斗轰炸机就在英国上空横行，它们的飞行速度极快，并对各式各样的目标进行"打了就跑"的攻击。进行这种攻击的Bf-109和Fw-190战斗轰炸机，尤其是后者，相当难以对抗，这种状况一直到"台风"式IB型和配备格利芬（Griffon）发动机的"喷火"式XII型配发给实战部队后才停止。后者于1943年4月起服役，到了那时其他战区的需求已经在耗尽战斗轰炸机的实力。同年6月，德军只剩下一个单位在执行战斗轰炸机的任务，其飞行员由新手和前驱逐机组员组成，可说是一群乌合之众，表现相当拙劣，有几个人甚至因为迷航而误降英国。

在其他地方，"喷火"式IX型于1943年3月出现，它能够战胜Fw-190；另外在稍早时，P-47C"雷电"式（Thunderbolt）已在美国航空队的第4战斗机大队服役，它代表着终于有一种飞机可以在俯冲时逮到高速飞行的Fw-190或Bf-109。随着美军源源不断地进驻英国，地中海战区和东线战场对于Fw-190的需求不断增多，再加上德军飞行员承受的压力开始显现，德国空军的伤亡因而开始攀升，接着复仇武器就出现了。

1943年8月间，盟军照相侦察机开始带回法国北部建筑工地的影像。盟军已经察觉到希特勒的复仇武器计划，并辨识出这些建筑工地是发射场工程，准备用来发射V-1飞行炸弹（flying bomb，实际上是一款早期型的巡航导弹）这种恐怖的武器。盟军对V-1发射场的首次攻击于8月27日由B-17轰炸机进行，之后再由重型轰炸机、中型轰炸机和战斗轰炸机进行猛烈轰炸。

此外值得注意的是，美军于1943年引入了关键性战斗机种：P-51B"野马"式和P-38"闪电"式

↓战斗机飞行员有时会用座机的翼尖掀翻V-1飞行炸弹，进而将其摧毁。飞行员必须将座机的翼尖放到导弹的翼尖下，然后向上摆动机翼，以使V-1失去控制

(Lightning)。P-38从未完全良好适应欧洲战区,但配备梅林(Merlin)发动机的P-51却成为大战中最优秀的战斗机之一。

盟军反攻欧洲的作战终于在1944年6月6日进行,他们于D日在法国登陆。为了准备登陆行动,战斗机司令部已经于1943年11月解散,新成立的盟国远征空军(Allied Expeditionary Air Force,AEAF)由英美部队组成,并且紧接着在登陆之后被指定用于前进部署,而英伦防空部队(Air Defence of Great Britain,ADGB)则留在"本土"防卫英国。

这一刻,攻势作战的重点几乎完全放在"削弱"目标上,并在入侵行动展开前攻击德军交通线。到此刻为止,德军战斗机防务都集中在对抗美军第8航空队的轰炸机以及盟军新型飞机上,当中包括拥有极佳性能的"蚊"式飞机,此机已经在实战部队中被广泛运用,此时盟军轰炸机部队只需要担心敌方领土上可怕的高射炮火而已。

"计程车招呼站"出击

　　紧接着D日之后而来的战斗特别艰辛，因为装甲部队可以沿着该区的狭窄道路推进，还能规避敌军部队。装上火箭的"台风"式成为对付这类装甲部队的选择，依照固定航线飞行的"台风"式在空中进行所谓的"计程车招呼站"（Cab Rank）巡逻任务，等待地面控制员的呼叫飞抵目标上空。敌军装甲部队和诺曼底（Normandy）地区公路交通的损失相当骇人。

↓ 图中是英军第6空降师官兵在登上飞往诺曼底的飞机前一起调整手表的时间。身后是阿姆斯特朗·威特沃斯的"阿博马尔"式机（Albemarle）

在D日登陆期间，"达科他"式拖曳了无数的"霍萨"式（Horsa）滑翔机。图中这些飞机是支援第6空降师的第二波兵力的一部分

→希特勒的复仇武器是随意以一个城市般大小的目标为大概方向便射击，因此是不分打击对象的。图为1945年3月，一枚V－2对萨里（Surrey）的吉尔福德（Guildford）街道造成的破坏

"市场花园行动"（Operation Market Garden）

　　在欧洲大陆上，德军部队已撤退至荷兰境内的防线，而蒙哥马利（Montgomery）将军拟订了一份计划，以避免正面对抗这些阵地。他的目标是让空降部队在分别被称为"市场"和"花园"的两段式行动中，于阿纳姆（Arnhem）的德军战线后方着陆。这一联合作战于1944年9月17日展开，进展得相当不顺利，到了9月21日，阿纳姆一带残余的英军官兵开始尽可能地逃命。对盟军来说，虽然"市场花园行动"是一次代价惨重的挫折，但向莱茵河的进军依然持续着。

"大西洋瘟神"

在冲突的初期，德国空军就已显示出在反舰攻击领域的熟练程度，而当其在沿海区域依然致命时，德国空军飞机开始真正显现其成效。远程的Fw-200 "秃鹰"式能够深入打击大西洋上的目标，也能将目标位置的详细资料提供给其他飞机，或是在德国空军和德国海军合作无间时提供给潜艇，因此被丘吉尔取了个 "大西洋瘟神"的绰号。"秃鹰"式和潜艇联手合作，严重威胁到英国的生存。

1944年6月13日，当一枚V-1落在北肯特海岸上的斯旺斯科姆（Swanscombe）时，复仇武器的威胁终于成为现实了。此时英国防空军开始派出下辖的 "喷火"式XIV型、"野马"式III型、"蚊"式NF XIII型和崭新的 "暴风"式（Tempest）V型战斗机对付这种武器。他们的目标是击落这些无人控制的导弹，英国皇家空军的第一架喷气机 "流星"式（Meteor）I型也从8月2日起加入行列，组成日益复杂且有效的防御网。

朝向德国的缓慢推进一直持续到1944年冬季，而德军穿

←1944年7月27日，英国皇家空军第616中队的 "流星"式I型首度出击。8月4日，一枚V-1成为此型喷气机的第一个战果，它被流星式机用翼尖掀翻

越阿登（Ardennes）地区的失败反攻就在12月时发生，空中的反攻则是从1945年1月1日展开，后者的代号为"底板行动"（Operation Bodenplatte），这是一次不周密的计划，冀望运用战术空中武力，将部署在前进基地内的盟军空中武力一扫而空。这次行动主要的结果是消耗掉德国空军许多经验丰富的飞行员，但盟军在飞机和人员方面的损失能够轻易地由预备队补充。同时，德军在行动中损失了许多最新型的飞机，当中包括多架Fw-190D-9和Me-262喷气机，此外更虚掷了大量宝贵的航空燃料而未获得多少战果。最后在1945年3月7日，美军部队渡过莱茵河（Rhine），接着英美联军在24日一次空降作战

↓搭乘"达科他"式的伞兵部队在停放霍萨式滑翔机的着陆区上空跳伞。阿纳姆的空降行动让参战者直接卷入大麻烦中，并导致英军彻底失败

中，于莱茵河以东的韦瑟尔（Wesel）一带着陆。

到了这一刻，德国空军要为防卫柏林而进行最后一搏。Me-262开始以较多的数量投入战场，不过在单一作战中从未超过50架，而最新的Bf-109K和由Fw-190衍生出的Ta-152也运用得愈来愈广泛了。尽管如此，德军再也没有任何获胜的希望，随着苏军从东边向柏林步步进逼，无条件投降的结局已经无法避免。

虽然希特勒不相信完全借由海上战斗手段击败英国的可能性，但防止英国通过海路接受美国和加拿大运输补给的微弱效果对他的战略而言却是关键部分。1939年9月，潜艇大约击沉了26艘各型船只，包括航空母舰"勇敢"号（HMS Courageous）。为了对抗潜艇的威胁，英国皇家空军海岸司令部只能投入"安森"式（Anson）和性能更好的"桑德兰"式（Sunderland），但这两款飞机都极为缺乏进行反潜战斗的装备。一直到1940年1月30日，英国海岸司令部才宣称旗下的

↑图中的"安森"式I型是开战时皇家空军海岸司令部的中坚力量，共有9个中队操作此型飞机，而另一个中队操作"哈德森"式I型，还有1个中队操作的是"维尔德比斯特"式（Vildebeest）IV型双翼机

海上雷达

　　由于ASV II型雷达的引入对潜艇的苦斗而首次获得支援，英国皇家空军海岸司令部的"哈德森"式、"威灵顿"式、"卡特琳娜"式飞艇和"解放者"式可以侦测在海面上航行的潜艇。然而这类飞机的航程有限，因此没有美军或英国皇家空军飞机可抵达的大西洋中部，成为潜艇的猎杀场。其他运用到的科技包括"利"式探照灯（Leigh Light），其可在巡逻飞机进行夜间攻击时照亮目标，但飞机仍无法一路伴随运输船队沿着横越整个大西洋的航线航行。

↑ "俾斯麦"号（KMSBismarck）是盟军的首要目标，但它有充分的能力抵御来自空中和海上的攻击。它的船舵被一架"剑鱼"式鱼雷轰炸机攻击而发生故障后，于1941年5月27日被盟军海军舰炮击沉

"桑德兰"式击沉了一艘U55潜艇，不过这艘潜艇在被击沉前早已被英国皇家海军击伤。

反航运攻击

对付潜艇的战争是一场科技和手段的战争，而对水面舰艇的作战则从一开始起就获得了一些成果。在击败德国海军的过程中，盟军空中武力最主要的贡献之一就是1941年5月26日，从"皇家方舟"号（HMS Ark Royal）上起飞的"剑鱼"式（Swordfish）击毁了德军"俾斯麦"号的船舵装置，这艘残废的战列舰之后就被英国皇家海军的船舰击沉，象征着德国海军主力舰出击行动的终结。

在其他地方，海岸司令部的"波弗特"式（Beaufort）、"英俊战士"式和稍晚出现的"蚊"式在整场战争期间负责攻击水面船只，而英国皇家海军航空队（Fleet Air Arm）和英军

↓ 早在1939年11月，第一个Fw200海上侦察机单位就已经在编组中了。随着法国在1940年陷落，"秃鹰"式和潜艇就开始从法国的基地出发作战

轰炸机司令部在不同的时间里都持续对德国的其他大型船舰进行攻击，当中包括"沙恩霍斯特"号、"格耐森瑙"号、"欧根亲王"号（Prinz Eugen）和"提尔皮茨"号（Tirpitz）。

护航航空母舰

护航船队航空反潜能力的缺口随着"大胆"号（HMS AUdacity）的服役而迎来转机，这是一艘经过改装的征用货轮，舰上载有8架"岩燕"式（Martlet）战斗机［即F4F"野猫"式（Wildcat）］，于1941年12月在直布罗陀（Gibraltar）至英国的运输船队航线上，首度参与作战。虽然这艘船于12月21日到22日沉没，但"岩燕"式舰载机击落了两架"秃鹰"式（Condor），证明了此类船只的效率。护航船只配备战斗机和反潜机的基础已经奠定了，不过在它们的运用变得更广泛之前还得承受许多不必要的损失。

在1942年5月期间，前往苏联的PQ-16船队第一次经历了较大规模的德国空军反航运作战，他们在遭受Ju-88超过5天的攻击后损失了7艘船。希特勒相当不悦，因为他曾希望这35艘船都能被击沉，所以PQ-17船队就沦为约由264架飞机编成的最大兵力围攻的目标。PQ-17船队于6月27日从冰岛起航，到7月4日为止都遭到几乎连续不断的空袭，结果33艘船当中共有23艘被击沉，因此在之后所有运输船队的航行过程中，防空就变得不可或缺。

PQ-18船队中就将"复仇者"号（HMS Avenger）编入，上面载有"海飓风"式（SeaHurricane）IB型和"剑鱼"式飞机，而装备弹射器的商船"黎明帝国"号（HMS Empire Morn）也配备了"海飓风"式IA型。在船队航行的途中，德

军总计有5架轰炸机被击落，21架被击伤，盟军的损失则是4架"海飓风"式和13艘船。德国空军在北极地区再也无法支撑大规模攻击，但在大西洋，结束的日子还遥遥无期。

来自美国援助的超远程飞机数量不断增加，特别是"解放者"式使英国海岸司令部（Coastal Command）能够在离海岸更远的地方，在雷达的帮助下展开对付潜艇的作战，此外这时几乎所有的飞机都配备了空对舰（Airbrone Surface Vessel，ASV）雷达装备，但击败潜艇的关键在护航航空母舰身上。在1943年期间，总共有6艘新船服役，舰上编制有"岩燕"式和

↓1944年，"解放者"式IV型已经在海岸司令部服役。这款飞机以联合公司（Consolidated）B-24J为基础，在机身后段下方装备了可收起式的搜索雷达，是一款可怕的海上巡逻机

"剑鱼"式机，而美国海军也服役了6艘较大的护航航空母舰，支援格鲁曼（Grumman）的"野猫"式和"复仇者"式反潜机，到最后以北美为基地的飞机掩护范围与海岸司令部旗下的飞机巡逻范围间的大西洋缺口就被纳入保护范围了。潜艇的损失开始上升，攻击也不再那么有效，而且其首要任务变成回避盟军的飞机。

潜艇的威胁

同时，英国海岸司令部得到配备美制"解放者"式和"卡特琳娜"式机（Catalina）的单位，战斗力得到增强，开始与往来于法国港口和大西洋猎杀区的潜艇进行作战。对潜艇来说，这象征着末日的开始，但在1941年底，英国舰船确实几乎无法在潜艇的肆虐下存活。

到了1943年5月底，德国擅长指挥潜艇战的邓尼茨（Dönitz）将军在五天之内被击沉5艘潜艇而没有击沉盟军任何一艘船舰的状况下，命令麾下潜艇部队退出大西洋。潜艇被重编并再度展开攻势，但护航航空母舰、陆基反潜机加上正在改进的科技不会允许潜艇再次成为战争胜利可能性的威胁。

←图中这艘VII型潜艇受到深水炸弹攻击，被迫浮出水面。从空中猎杀并击沉潜艇是一项高难度的任务，即使盟军拥有最先进的科技也一样

3

非洲与地中海战场：
1940 至 1945 年

1940 年 6 月 10 日，墨索里尼对英法两国宣战，他的好战让整个地中海地区陷入战火之中。

←1943年，爱琴海上空的Ju–52/3mg6ge。加装浮筒的Ju–52/3m运输机被证明在地中海和巴尔干半岛一带非常有用

1940年6月10日，贝尼托·墨索里尼（Benito Mussolini）对英法两国宣战。到了10月28日，在希腊的意大利部队可能会招致一场溃败，但他的好战却让整个地中海地区陷入武装冲突。尤其是马耳他（Malta）岛作为海军基地具备相当大的重要性，特别是在盟军因为签订停战协定而失去法国舰队的时候，马耳他也从盟军飞机的基地，摇身一变成为一艘"不沉的航空母舰"，能够打击意大利的航运和陆上目标，然而岛上却没有常驻的英国皇家空军实战部队，只有数量不足的防空武器。

英军明白意大利此时造成的威胁之后，以该岛为基地的英国皇家空军地中海司令部航空指挥部指挥官梅纳德（F. H. M Maynard）准将下令组装储存在该岛上的4架英国皇家海军航空队"海斗士"（SeaGladiator）I型战斗机零件当中的3架。此举可谓是未雨绸缪，因为在1940年6月11日的前几个小时里，意大利皇家空军（RegiaAeronautica）的SM.79轰炸机开始对该岛进行攻击，2架"海斗士"升空迎战，之后由于在当天的8次空袭期间意军对这批双翼机都时时保持警戒，因此接下来的空袭将必然在CR.42和MC.200战斗机的保护下进行。6月24日，当4架第767海军航空中队的"剑鱼"式抵达该岛，编成第830海军航空中队时，马耳他就此具备了进攻能力，而自从"百眼巨人"号（HMS Argus）上起飞的12架"飓风"式I型抵达之后，岛上战斗机部队的实力也得到强化。

墨索里尼在希腊的冒险愈来愈不如他的意，而德军也不可避免地介入希腊地区，同时还有更广大的地中海和北非战区。意军在北非的进展也受到重挫，为了维持轴心国在该区的利益，希特勒开始命令德国空军各单位进驻意大利。对马耳他运输补给船队的攻击于1941年1月13日展开，由意军Z.1007bis、SM.79和Ju-87B-2等战机与德军的Ju-88A-1联手进行。14日，航空母舰"光辉"号（HMS Illustrious）遭到30架德军"斯图卡"俯冲轰炸机的精准攻击，结果受到重创，因此躲进马耳他港内；但"光辉"号在那里沦为攻击目标，直到它于1月23日逃往亚力山大港为止。德国空军各单位在意大利境内的指挥机构是第10航空军（Fliegerkorps），此时便有作战成效。

He-111H-3开始在海上进行定时的反航运侦察以及布雷任务，而Ju-88和Ju-87轰炸机就攻击马耳他的机场。战斗机部队旋即获得增援，第26战斗机联队第7中队的Bf-109E-7进驻西西

↓1940年间，这些马奇（Macchi）MC.200战斗机隶属于第22大队（Gruppo）第52中队（Stormo），负责防卫罗马。意大利飞行员在刚开始时相当抗拒在驾驶舱加装座舱罩

奇袭塔兰托

在1940年下半年和1941年春季期间，英国皇家海军在地中海区域并没有特定任务。"鹰"号航空母舰舰载机飞机攻击北非的维希部队目标，之后则支援对马耳他的补给行动。"光辉"号在8月间抵达本战区，舰上载着全新的"海飓风"式I型战斗机，其"管鼻鹱"式和"剑鱼"式四处肆虐，之后"剑鱼"式就对意军停靠在塔兰托的舰队进行大胆且具毁灭性的空袭。英军熟练地执行攻击计划，过程相当顺利，战果十分丰硕，只损失了2架"剑鱼"式和1名机组人员，但至少重创了3艘战列舰和2艘驱逐舰。受到塔兰托攻击行动成功的激励，英军继续畅行无阻，不但"皇家方舟"号加入英军舰队的行列，"百眼巨人"号也搭载"剑鱼"式进行反潜任务。

里岛（Sicily）。此时德国空军展开"自由游猎"[①]作战，即使英军已经部署了雷达，但因为马耳他岛上的机场间的距离实在是太近了，因此无法对德军攻击行动提出多少警告；德军的援兵源源不断而来，并且夺得了马耳他的制空权。

马耳他暂时喘一口气

在1940年6月至1941年2月底的这段时间内，持续的空袭让轴心国部队付出96架飞机被击落的代价，在马耳他经验丰富的

---

① "自由游猎"战术是二战中纳粹空军战斗机部队所采用的一种空战战术，战斗机部队以小编队（双机或四机，至多一个中队）出动，在敌方纵深空域巡航并利用速度高度优势掠袭任何出现的空中目标。这类战术使得德军战斗机部队在早期面对实力较弱对手时得以充分发挥飞机性能和飞行员素质的双重优势。但随着盟国空军实力的提升，德军的这项战术暴露出会导致己方轰炸机和攻击机缺乏掩护的弱点，且由于此时盟军战斗机部队的实力增强，"自由游猎"部队本身也会成为盟军巡逻战斗机部队猎杀的对象。——译者注

飞行员几乎耗尽，不过幸运的是第10航空军的飞机此刻奉命支援德军在北非的作战，而南斯拉夫、希腊和克里特岛方面也有额外的需求，结果就是马耳他这时只吸引到意大利空军的注意力。

随着意大利向英国宣战，在北非指挥第202联队的科利肖（R. Collishaw）准将命令"布伦海姆"式机对意军位于艾尔阿登（El Adem）的机场进行空袭。1940年6月10日，因为意军最高司令部未能即时将宣战的消息传达给驻守在非洲的各单位，所以英军简直是在彻底奇袭的状态下发动攻击。双方于6月29日爆发首次战斗机空战，3架英国皇家空军斗士战机，面对数量相当的菲亚特（Fiat）CR.42战机，结果意军损失2架飞机。

英军和意军在空中的对抗模式已经定型。意军不是英国皇家空军的对手，即使英军在此区域内的装备已到捉襟见肘的地步也一样。不列颠之役前夕德军入侵危机增大时，大量资源都被谨慎的英军撤回本土用于防卫。但即便如此，"威灵顿"式（Wellington）IC型轰炸机纷纷抵达，强化了英国皇家空军的轰炸能力，而"飓风"式I型也开始取代"斗士"双翼战斗机。

德军介入

北非英国部队总司令阿奇博尔德·韦维尔（Archibald Wavell）将军展开了一波大胆的攻势，他把目标放在攻占利比亚和昔兰尼加，制空权在这场战役里扮演重要角色，英军也再次彰显作为空中优势典范的形象。韦维尔率领部队深入利比亚，之后因为害怕交通线中断而停止。就在这个时候，盟军的资源开始转移到希腊，而第10航空军则奉命展开对利比

图为1939年刚服役后不久的"皇家方舟"号和"剑鱼"式舰载机。它在1941年底被击沉之前度过了一段光荣的成功岁月

亚和埃及境内以及地中海战区里盟军的作战。隆美尔（Erwin Rommel）中将于1941年2月12日抵达的黎波里（Tripoli），接手已经就位准备支援意军但数量仍不足的德军部队的指挥权。非洲军（Afrika Korps）已经抵达北非，非洲军的兵力通过海空两路进行的补给行动不断地增强。Bf-110于2月10日开始对英军部队进行低空轰炸，而Ju-88A则袭击了班加西港（Benghazi）及其周围的英国航运。

希特勒强烈希望隆美尔暂停不前，直到非洲军集结至拥有强大兵力为止。但这位中将非常明白，英联邦的部队已经过于延伸，兵力薄弱，因此他决定运用轻装甲单位发动一连串突击行动，预计将可造成显著损害，到了4月1日，面对这些凌厉的攻击，盟军开始撤退了。

↓在地中海战区，英国皇家空军和南非空军都使用"斗士"战斗机，它们在刚开始面对意军较弱的抵抗时可说是游刃有余

隆美尔发动攻势

当英国皇家空军和澳大利亚皇家空军（Royal Australian Air Force，RAAF）的战斗机单位遭遇德国空军的Bf-110型和远程的Ju-87R-1型俯冲轰炸机时，空中的小规模冲突随即爆发，英军获得了部分战果。到了4月4日，班加西已经落入隆美尔手里，而当德军部队进入希腊和南斯拉夫时，英军高层决定将英国皇家空军撤入埃及境内以保存兵力。尽管如此，攻击和防御作战仍然持续进行着，"飓风"式机在4月14日英勇奋战，对抗大批Ju-87、Bf-110和G.50，不过非洲军抱怨他们缺乏战斗机掩护。

但是这一缺陷在4月15日得到弥补，第27战斗机联队的Bf-109E-4/N战斗机开始进驻恩加查拉（Ainel Gazala），并从19日起展开行动。这些梅塞施密特战斗机的基地离托布鲁克（Tobruk）港只有105千米，它们承受德军施加的庞大压力，在德军战线的后方和防守的盟军一同处于被围攻的状态。

隆美尔于4月30日进攻托布鲁克，但以澳大利亚卫戍部队为主力的守军再次把德军挡了下来。当补给线变得过度延伸的时候，他们只得被迫撤退，之后抵达的老虎（Tiger）船队为英军带来了大量坦克和53架"飓风"式I型战斗机，因而在一定程度上允许盟军于5月15日发动"简短行动"（Operation Brevity），此次反攻的目标是夺取哈法雅隘口（HalfayaPass）；英军在夺得隘口后，就会接着发动"战斧行动"（Operation Battleaxe），朝托布鲁克推进，以解救澳军。一开始英军顺利拿下哈法雅隘口，但德军设法弄到足够的燃料，使部分坦克得以继续作战。

在紧接而来的战斗中，由于空中掩护有限，盟军节节败退，德军在5月27日收复哈法雅隘口，不过"战斧行动"依然

尽管"飓风"式在空战领域里和最新型的Bf-109相比显然已经过时，但它在对地攻击和反坦克中，仍扮演着重要的角色

霍克"飓风"式II型

类　　型：单座战斗机		武　　装：4门西斯帕诺II型20毫米口径	
动力来源：1具883千瓦劳斯莱斯梅林XX V-12		机炮	
活塞发动机		尺　　寸：翼展	12.19米
最高速度：547千米 / 时		长度	6.3米
作战高度：10970米		高度	4米
重　　量：空机重为2605千克；最大起飞重量		机翼面积	23.92平方米
为3950千克			

如期于6月14日发动，但在德军反攻之后便于17日终止。盟军于战场上空握有短暂的制空权，但他们随即丧失优势，之后不可避免的又是一场屈辱性的撤退。

克里特岛之战

在希腊政府的安排下，1940年11月起英军人员在具有战略重要性的克里特岛上建立一座基地。这座基地的防御能力极低，只有高射炮而已，另外也只配置了一个第805海军航空中队的战斗机，下辖"管鼻鹱"式（Fulmar）I型、"海斗"士和一些作为预备队的F2A"水牛"式（Buffalo）舰载战斗机。桑德兰水上飞机部署于苏达（Suda）湾的前进基地内，而克里特岛的四周也布置了雷达站。

1941年4月，英国皇家空军参谋部坦言无力在克里特岛建立防空体系，因此只能将其当成一个有用的前进基地，供肩负保护地中海运输船队任务的飞机进驻。一批各式各样的飞机集结在此地，准备从事这一至关重要的任务，包括一大批"孟买"式（Bombay）运输机（被改装为中型轰炸机）、"布伦海姆"式IF型、"飓风"式和"海斗士"等机种，后三者经常与德军的Bf-109E交手。

从5月14日起，水平和俯冲轰炸机进行为期一周的一系列攻击，当第一波打击正中要害后，这些空中遭遇战便转变为一场针对该岛的持久战役。10架"飓风"式从埃及赶来加强空防，但到5月19日为止，只有3架"飓风"式和3架"斗士"集结完毕，结果任何可用的飞机都当机立断马上撤出。希特勒已经对"水星行动"（Operation Merkur）做最后的确认。这是一个大胆的计划，将动用滑翔机机降步兵、伞兵和海运部队攻下

↓ 德军在不列颠之役中蒙受惨重损失后，Bf-110被证明相当适合在沙漠和地中海战区作战，特别是其长航程的特性受到好评

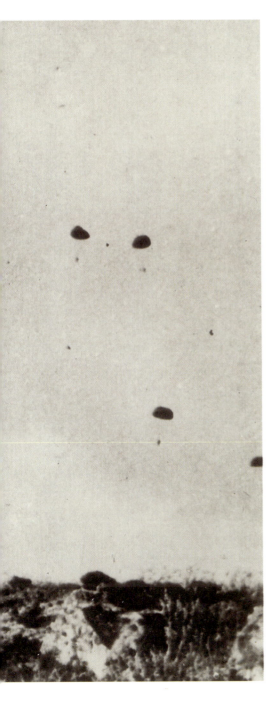

克里特岛。

德军在希腊南部集结了将近500架Ju-52/3m运输机，为5月20日的突击行动做准备。不过就在运输机起飞前，德军犯下了两个关键性的错误。首先他们误解了该岛的地形，岛上实际上是岩石遍布，地势险峻；再者，他们也低估了克里特岛上盟军卫戍部队的兵力，盟军数量在3万人左右。

德军第一批部队搭乘DFS-230滑翔机在岛上着陆，但随即被消灭；德军伞兵接着跳伞进入战场，同样受到致命的打击。岛上的战斗相当激烈，完全倒向盟军那一边，但因为地面上的战况过于混乱，德国空军无法提供支援。但之后在5月21日夜间，盟军部队离开阵地，撤离到一个具有战

←在克里特岛空降的初期阶段，Ju-52/3m运输机单位和德国伞兵都蒙受了惨重损失，盟军坚固的防御和当地崎岖不平的地形导致德军大量伤亡

略重要性的山丘上，此举使得德军可以夺取马里门（Máleme）的机场，展开Ju-52/3m运输机的起降作业，容克运输机在火线上作业，带来德军赢得战役所需的援军。克里特岛的战斗持续到5月25日，当时英联邦部队开始集结在斯伐基亚（Sfakia）港，准备进行撤离。

夺下克里特岛

英国海军各单位从头到尾都参与了这场战役，他们在附近海面巡逻，以防止任何德军从海路加入"水星行动"的行列。"可畏"号（HMS Formidable）上载有18架"管鼻鹱"式机，但更进一步的空中掩护必须由埃及出发，这使得"飓风"式、"英俊战士"式、"布伦海姆"式和"马里兰"式（Maryland）这几种飞机仅能在航程的限制下介入，对友军船舰只能提供有限的掩护，对克里特岛就完全不可能发动攻击了。德国空军对英国皇家海军的反应是可以预计的，并在5月

沙漠里的新装备

在北非战场，当克里特岛被攻占，"简短行动"和"战斧行动"均以失败收场后，就轮到盟军想办法阻止德军任何进一步的攻势了，还得花时间重新武装。紧接着在"简短行动"与"战斧行动"之后抵达的新机种是"战斧"式IIB型战斗机、"飓风"式、"波弗特"式、"英俊战士"式、"马里兰"式和"波士顿"III型。这些崭新的航空兵力准备在1941年11月展开的新攻势，也就是"十字军行动"当中投入使用；然而在同一时间，装备全新Bf-109F-2和F-4/Trop型战斗机的第27战斗机联队第2大队也抵达北非，此外意军也接收了更多的MC.200以及新式的MC.202"霹雳"式（Folgore）战斗机。

22日盟军全面撤退后发动新一波的猛烈打击，除了"斯图卡"之外，还派出了Bf–110C–4和D–3战斗机，以及Ju–88A–4、Do–17Z和He–111H–3轰炸机。

英军船舰的损失十分惨重，一共有3艘巡洋舰和6艘驱逐舰被击沉，受创的船舰包括航空母舰、3艘战列舰、6艘巡洋舰和7艘驱逐舰。尽管德军攻占了克里特岛，但这场战斗却让德军在飞机数量和人员伤亡方面付出高昂代价，因此希特勒再也没有以这样的两栖方式将伞兵投入战场。

盟军在沙漠中展开的新一波攻势，也就是"十字军行动"（Operation Crusader）的准备阶段中，英联邦集中空中武力攻击轴心国部队的机场。当德军采取守势时，情况立即明朗起来，因为对"战斧"式（Tomahawk）和"飓风"式来说，Bf–109F根本是另外一个等级。在11月18日到19日夜间，当盟军部队从埃及出发向托布鲁克的挺进顺利展开时，这一发现将会对

↓图为进行训练的DFS230滑翔机。在入侵克里特岛期间，有许多DFS230由Ju–52/3m拖曳。此机在驾驶舱上方装有一挺机枪，以便在着陆时提供压制火力

图为萨伏亚-马齐提（Savoia Marchetti）SM.79鱼雷轰炸机在阳光的照耀下于地中海上空飞行，该机无疑是第二次世界大战中意大利最优秀的轰炸机

"十字军行动"的执行产生冲击。隆美尔的88毫米炮和坦克进行了激烈抵抗，但参与十字军行动的部队和澳洲守军会合，他们于11月26日到27日离开托布鲁克，接着于12月7日解除德军对该港的围攻。

在战斗当中，盟军飞机战果不佳，要不是因为德军装甲部队的燃料补给量有限，也许为攻势进行的空中支援不会那么有效。另外，补给问题迫使隆美尔带着德国空军的单位一起退到班加西后方，当中有些被迫撤至西西里岛上的基地。十字军行动之所以能成功，大部分原因是多亏英军船舰和飞机有效地阻止德军补给跨越地中海。这些部队以马耳他为基地，如果盟军继续掌握马耳他的话，轴心国部队在这个战区里就不会再有任何胜利，因此马耳他再度吸引了德国空军的注意力。

目标：马耳他

随着克里特岛、南斯拉夫和希腊全部落入德军手中，第10航空军将军部（Fliegerkorps）从西西里搬至雅典（Athens），并将下级单位分散到德国、希腊和克里特岛等地，马耳他因而在1941年5月间获得了一些喘息空间。盟军运输船队在通过马耳他时的阻碍相对较小，虽然意大利空军专门进行对舰攻击的鱼雷轰炸机（Aerosiluranti）技巧高超，对盟军而言意味着持续且致命的威胁，但意大利水面船舰和潜艇却有着本身的难题。当物资（Substance）船队于7月24日靠岸时，在运载的货物当中有6架"剑鱼"式机，还有第272中队"英俊战士"式机的分队，使得马耳他可以开始扮演攻击性角色；到了8月初，马耳他岛上的航空兵力迅速扩充。在9月期间，长戟（Halberd）船队在鱼雷轰炸机的精准攻击中杀出一条血路，送来了重达5000吨的货物，当中包括充足的燃料，可以支撑至1942年5月。然而，一直到1942年8月初，运输船队才能再次为马耳他运输补给。

马耳他的反航运作战持续对轴心国运输船队造成恶劣影响，隆美尔在9月间就抱怨没有获得充足的补给，且必须采取某些措施来保护运输船队，结果隆美尔的抱怨迟至1941年10月才得到回应，希特勒下令将潜艇派至地中海。另外隆美尔也坚持主张德国空军的兵力应该增强，并调派回西西里。12月，马耳他再次遭受德国空军轰炸机的袭击，而潜艇也展开无情的作战，英军被击沉的船舰中有一艘就是"皇家方舟"号。

1942年1月，德军轰炸马耳他的机场，导致英军将"威灵顿"轰炸机撤出，但"飓风"式战斗机依然留在当地以维系防御力量。德国空军的战斗机开始集结，Bf-109F-4热带型（Trops）加入位于西西里的第2航空军，使飞机总数提升至425架。德国空军在当月以每天65架至70架轰炸机的规模攻击马耳他，由Bf-109战斗机护航Ju-88A-4，另外该型机被用于执行战斗轰炸机攻击和空中扫荡任务。跟Bf-109F相比，"飓风"式II型显然已经过时，直到3月7日15架"喷火"式VB型从"百眼巨人"号（Argus）和"鹰"号（HMS Eagle）飞来才解除这一困境，而"鹰"号在3月21日又带来另外9架"喷火"式VC型。

当3月23日一支来自亚力山大港的运输船队试图靠岸时，战斗变得更加激烈。"喷火"式和"飓风"式在整个3月内随时升空作战，获得了程度不一的战果，而只要是具备任何重要性的目标，从航运到跑道，全都遭受几乎是不曾间断地轰炸。3月29日，"鹰"号又成功地穿越德军封锁，带来7架"喷火"式VC型，等到每次都超过250架飞机的德军空袭变成常态

之后，丘吉尔终于获得许可能派出美军的"黄蜂"号（USS WASP），企图一口气运送47架"喷火"式VC型。

举足轻重的"喷火"式

只有在夺取制空权的状况下，才有可能拯救马耳他，而"喷火"式看起来就是达成此目标的唯一救星。这些"喷火"式配备了桶形油箱（ferry tanks），在保持无线电静默的状况下于4月20日清晨从"黄蜂"号上起飞。这艘航空母舰在阿尔及尔（Algiers）近海逆风航行，而飞机必须飞越达1125千米的距离才能抵达目的地。有46架"喷火"式成功飞抵马耳他，但无线电静默状况已经被打破，德国空军正等着和"喷火"式战机一决雌雄。甚至就在第一批Ju-88前往位于塔卡利（Takahli）基地的时候，两架Bf-109已经一面在海岸外上空盘旋，一面清点数量。在最后一架"喷火"式降

←图中为1942年8月，"基座"（Pedestal）船队带领3艘商船和1艘油轮驶向马耳他，当中还包括航空母舰"无畏"号（Indomitable）[一架"大青花鱼"式（Albacore）刚从舰上起飞]、"鹰"号（殿后）和"胜利"号（HMS Victorious，前方载着"海飓风"式）。"暴怒"号（Furious）也在其中，上面搭载了"喷火"式

↓1942年4月，英国皇家空军第417中队将"喷火"式运至埃及。这些"喷火"式VC型安装了外观臃肿的渥克斯（Vokes）热带空气过滤器，可保护梅林发动机免受沙漠飞沙的无情破坏

落后大约一个半小时，轰炸机就展开空袭，结果几乎没有战斗机来得及再度升空，有许多战斗机就在地面上被炸毁。

幸存下来的"喷火"式却吸引了德国空军更多的注意力，到了1942年5月，盟军只剩下6架飞机可继续作战，而飞行员也因为只有减半的配给粮食而战斗力大减，马耳他的空防已经被彻底击败，德军认为此刻正是入侵该岛的最佳时机。马耳他空军指挥官洛依德（Lloyd）空军少将于27日发电向伦敦求援，他指出如果不能立即派遣援军的话，马耳他将可能会陷落。

支援终于到来。"鹰"号和"黄蜂"号一共带来了64架"喷火"式VC型，而伴随这两艘船前来的快速布雷舰"威尔许曼"号（HMS Welshman）则载有必须运抵马耳他的重要补给品。这一次"喷火"式战机得到了高效率的战斗，有些在降落后6分钟之内就必须再度起飞。当地勤人员在给降落的战机作业时，负责驾驶战机至马耳他的飞行员就离开驾驶舱去驾驶那些已经整装待发的战机升空，准备迎接不可避免的空袭。

当第一批德军轰炸机出现在马耳他上空时，大约有半数新

运抵的"喷火"式已经在天上待命，随时准备作战。它们进行了战斗，特别是"威尔许曼"号在5月10日成功入港，并开始吸引意志坚决的Ju–87和Ju–88展开空袭。5月18日，"鹰"号又再度运来了17架"喷火"式。英国皇家空军开始在空战中有所斩获，德国空军第2航空军的空勤组员已呈力竭之势。当马耳他的防御变得愈来愈强大时，德军的作战损失就开始上升。德军入侵马耳他的计划被搁置了，但对盟军运输船队的袭击一直到1942年8月才开始慢慢平息。但尽管如此，早在6月时从马耳他出发的攻势作战就重新展开，其战斗机旋即对西西里进行攻势扫荡。德国空军于1942年10月11日对马耳他进行了又一次协同作战，结果损失了9架Bf–109G–2热带型和35架轰炸机，英军则只损失了30架"喷火"式。对德军来说这样的损失太过庞大而无法承受，于是马耳他的攻击部队和船舰再次可以自由地袭扰定期驶向北非并返回的轴心国运输船队。

沙漠中的战争

1942年1月，同盟国的沙漠空军（Desert Air Force，DAF）发现自己正面对着驻扎在利比亚的轴心国部队。随着敌军对马耳他的攻击日益激烈，日本在1941年12月加入战争，以及"本土"的领导阶层不愿意发放最新式装备，沙漠空军发现自己配置的是性能低下的飞机，尽管这当中包括了最新型的"小鹰"式（Kittyhawk）I型战斗机。在隆美尔于1月底发动一波新攻势后随之而来的一段激烈战斗中，Bf–109F仍将握有优势。

　　直到1942年5月，双方航空部队的交换持续地以稳定的步调上升，之后自由追击任务变得更频繁，而Ju-88也开始轰炸地面部队的阵地。5月26日德军一次狡诈的机动预示了隆美尔决定进击，盟军只得采取守势。在5月26日和29日间的激烈作战，使得沙漠空军付出了20%的兵力为代价，因此被迫节约资源。此举无助于缓和德国空军对托布鲁克的攻击，隆美尔变得愈来愈沉迷执着于此目标，因此这个港口终于陷落了。在6月20日的一系列连续突击之后，南非守军兵败被俘。随着托布鲁克的陷落，盟军共有32220人沦为战俘，看起来已经没有什么可以挡住隆美尔了。

↓寇蒂斯的"战斧"式在沙漠中表现良好，在盟军取得性能更佳的飞机前是良好的临时替代机种，它能够轻松应付意大利战斗机，但面对Bf-109E时仍会陷入苦战

↑体积庞大且飞行速度缓慢的Me-323是北非德军补给链中不可或缺的环节。Me-323十分脆弱，任何携带武装飞机都可以对它造成伤害

战略错误

隆美尔乘胜追击，对准目标苏伊士（Suez）运河向前推进。纳粹领导阶层里的一些人士感觉到他的补给线已经过度延伸，而看起来可能会在6月之前耗尽的燃料补给也已经用完了。

然而诱惑实在是太大了，这时由非洲军改编而来的非洲装甲集团军（Panzerarmee Afrika）不断地突击深入。同一时间，马耳他岛上的英军正从德国空军的大屠杀中逐渐胜出，其海空单位又开始攻击轴心国部队的运输船队。

德军又犯下了另一个主要错误，而这个错误标志着轴心国部队在非洲覆灭的开始。尽管如此，当时盟军部队正向阿拉曼（El Alamein）节节败退，而沙漠空军到最后关头终于获得高性能战机的增援，当中包括本来要支援澳大利亚的"喷火"式VB型，另外还有美军部队即将前来的承诺。

虽然第8集团军正在撤退，但却是在握有局部制空权的状况下移动。7月间，隆美尔参与了长达一个月的作战，轴心军航空部队因为缺乏燃料而愈来愈无法给地面部队提供支援。德军方面马上派出Ju-52/3m运输补给，但无法弥补运输船队的损失，因此轴心国部队在整个8月期间被迫补充各种战斗损失，并准备面对下一波冲突。当隆美尔试图在阿拉曼周围突破英军防线冲向尼罗河（Nile）时，攻势就在8月31日恢复，结果他为了突破英军防线而做的每一次努力，都遭到由蒙哥马利将军指挥的第8集团军冒着空中轰炸危险的阻挠。此刻蒙哥马利已经拟订计划，准备在1942年10月从隆美尔手中夺回主动权，但第27战斗机联队正忙着接收新型的Bf-109G-2，这是能够再次支配天空，并压倒盟军的最佳战斗机。在10月19日的阿拉曼攻势之前，"古斯塔夫"（Gustav）在"削弱"空袭前的战斗中曾经有良好表现，接着便在10月23日展开战斗。结果当轴心国部队面临具有压倒性优势的盟军部队时，仅在10月24日英国皇家空军就出击了1000架次，美国航空队则出击了147架次。

梅塞施密特Bf-109

类　　型：单座战斗机	武　　装：1门20毫米口径MG151/20机
动力来源：1台1085千瓦戴姆勒—奔驰DB	炮；2挺7.92毫米MG17机枪
605A-1逆V-12活塞发动机	尺　　寸：翼展　　　9.9米
最高速度：640千米 / 时	长度　　　8.9米
作战高度：12000米	高度　　　2.6米
重　　量：空机重为2247千克；最大起飞	机翼面积　16.4平方米
重量为3400千克	

在非洲的终结

　　在英国皇家空军派出10405架次飞机的协助下，第8集团军在10月26日至11月4日这段时间内完成突破，随之而来的就是轴心国部队的撤退，接下来则是盟军发动"火炬行动"（Operation Torch），于11月8日在北非大举登陆。

　　在英美联军发动的"火炬行动"中，大批盟军部队在法属摩洛哥和突尼斯上岸，刚开始他们击败了维希（Vichy）法国部队，然后从后方朝非洲装甲兵团进攻，最后与蒙哥马利的第8集团军会师。此时占领维希法国的德军部队首先做出激烈抵抗，其援军从挪威和东线源源不断而来，而反航运作战的强度

↓图为1942年间在埃及服役的英国皇家空军第213中队"飓风"式IIB型AK-W号机，它和一架洛克希德（Lockheed）"哈德森"式一起停在同一条沙漠跑道上

也节节升高；德军也在突尼斯进行登陆，一支由数千人组成的部队在配备Bf-109G、Ju-87D和Fw-190A4 的单位支援下完成集结。这些部队想办法阻止盟军部队的推进，让隆美尔有时间重新取得装备并编组部队。他们打得相当好，使盟军在穿越突尼斯进军时的速度变得相当缓慢，等到英美联军间的合作日趋完善，美军战斗机飞行员也开始累积经验时，盟军地面作战的进展就愈来愈快了。

到了1943年3月底，刚抵达的第1军加入第8集团军的行列，同时轴心国的运输船队再也无法在地中海上航行，德国空军就开始使用Ju-52/3m、Ju-90、Go-242、DFS-230、SM.81

和Me-323等运输机种进行运输补给任务。这一规模庞大的空运机队极易受到包括P-38"闪电"式在内的盟军战斗机的伤害。到了1943年4月所谓的"亚麻行动"（Operation Flax）结束后，轴心国部队大约损失了400架运输机，而盟军只损失了35架战斗机。盟军于4月22日展开在非洲境内的最后攻势，残存的轴心国部队尽管努力战斗，但最终的失败结局依然不可避免，Bf-109和Fw-190的飞行员就开始在机舱内尽可能多塞几个地勤人员的状况下撤离至西西里。轴心国部队最后在1943年5月13日投降，非洲的战争就这样结束了。

"爱斯基摩人行动"

英国方面深信，成功入侵欧洲北部的关键在于从南边策应攻击纳粹帝国，并在这个过程中迫使意大利退出战争。美国人心不甘情不愿地同意这一战略，接着便拟订对西西里进行两栖和空降联合突击的计划，以作为这一战略的开始。盟军在地中海和北非战区已经集结了一支庞大的军用机队，当中包括美国陆军航空队的"解放者"式重型轰炸机、"喷火"式IX型战斗机和F-5"闪电"式侦察机。盟军在集结部队准备进行突击，也就是后人熟知的"爱斯基摩人行动"（Operation Husky）期间，对意大利、撒丁岛（Sardinia）和西西里境内的机场和其他关键军事目标进行了协同攻击。

按照原定计划，入侵西西里的行动于1943年7月10日凌晨2时45分展开，但作战方案随即修正。虽然德军的猜测错误，认为即将来临的攻击并非朝着西西里而来，因此将岛上的部队撤出以增援其他地方，但天气对盟军相当不利。盟军在刚开始的突击中动用"霍萨"式（Horsa）和"瓦科"式（Waco）滑翔机，但强风使得当中69架提早迫降而落入海中。同样的强风也妨碍了载运伞兵跳伞的C-47运输机，使得伞兵

错过着陆区，被分散投送到广阔的区域中。尽管对盟军来说这些都算是挫折，但在大规模空中支援的打击下，即使是抵抗最顽强的德军口袋阵地都被压制住了。虽然战斗激烈且旷日持久，但到了8月12日，残余的德军部队还是撤离了。

进入意大利

西西里只不过是进入意大利的垫脚石，盟军已经拟订了一份三阶段的入侵计划。入侵意大利本土的第一阶段是"湾城行动"（Operation Baytown），由第8集团军在"喷火"式和"小鹰"式战机的支援下，于9月3日在瑞吉欧·卡拉布利亚（Reggio Calabria）登陆；9月9日发动的"雪崩行动"（Operation Avalanche）将由英美混合部队在萨莱诺（Salerno）海湾中的意大利海岸登陆，并由大量陆军和海军战斗机支援。德军的抵抗异常激烈，一直到9月16日才撤退，到了那时Fw-190A-5战斗轰炸机和道尼尔（Donier）轰炸机已经痛击盟军运输船队。最后在"响板行动"（Operation Slapstick）中，盟军部队于同一时间在塔兰托（Taranto）登陆，受到的敌军抵抗则相对轻微。

盟军在意大利本土的挺进面临德军的强硬抵抗，那不勒斯（Naples）于10月1日落入美军手中。在其他地方，意军已经开始逃命，但希特勒下定决心要防守意大利至最后一刻。撤退中的德军部队对意大利的地形善加利用，建立几乎牢不可破的防御阵地，迫使盟军部队打一场消耗战，无法仅靠空中武力来打赢这场仗。然而盟军的最后胜利是必然的，美军第9航空队也为了支援即将到来的反攻法国作战而撤出。1943年的冬季格外令人难以忍受，提早降临的冬雨将机场变成一片泥泞，因而

意大利的空战

　　盟军在入侵意大利之前动用了压倒性的空中武力打击所有形式的目标，当中包括美国航空队和英国皇家空军的重型轰炸机。面对轰炸机的空袭，Bf-109G和MC.202的反抗尽管坚定不移，但很少突破P-38、"小鹰"式、P-40和A-36"入侵者"式的护航。1943年9月7日，B-17与护航的P-38和Bf-109G之间爆发最后一场空战，这是德国空军所能够进行的最后一场大规模抵抗。

寇蒂斯P-40[①]"小鹰"式

类　　型：	单座战斗机	武　　装：	6挺12.7毫米口径机枪，可外挂227千克的炸弹
动力来源：	1台857千瓦佩卡德（Packard）梅林V-1650-39 V-12活塞发动机	尺　　寸：	翼展　11.35米
最高速度：	589千米/时		长度　9.49米
作战高度：	8839米		高度　3.22米
重　　量：	空机重为2880千克；最大起飞重量为4173千克		机翼面积　21.92平方米

---

① P-40随着使用国家的不同而拥有不同的名称。在美国，所有的P-40都被称为"战鹰"式（Warhawk），至于在英联邦和苏联空军中，P-40B和P-40C被称为"战斧"式，而P-40D和后来的战斗机则被称为"小鹰"式。——译者注

限制了作战的范围，特别是当盟军抵达德军的防卫系统，也就是古斯塔夫防线的时候，他们的继续推进变得愈发艰难。

攻取罗马

　　当盟军试图突破古斯塔夫防线进抵罗马的时候，激烈无比的战斗就在卡西诺（Cassino）周围爆发，结果战斗从1943年12月一直进行至1944年，最后盟军于1月22日在古斯塔夫防线后方的安齐奥（Anzio）和内土诺（Nettuno）进行大胆的登陆作战，从侧翼迂回德军防线，使得盟军部队离罗马只有几千米的距离而已。不过德军反应迅速，导致了另一场僵局，美军部队

波音B-17"空中堡垒"式

类　型：	重型轰炸机	武　装：	13挺M2勃朗宁机枪（Browning）
动力来源：	4具895千瓦莱特（Wright）R-1820-97旋风（Cyclone）星型活塞发动机		12.7毫米口径机枪；载弹量达7900千克
		尺　寸：	翼展　　31.62米
最高速度：	462千米/时		长度　　22.66米
作战高度：	10850米		高度　　5.82米
重　量：	空机重为16391千克；最大起飞重量为29710千克		机翼面积　131平方米

反而被包围在安齐奥，来自法国的Ju–88轰炸机接着就对他们
展开攻击。战斗在空中和在地面上同样激烈，一直持续到2月
底，但德国空军无法维持作战的步调，特别是因为他们需要将
各单位集中以在东线抵抗苏军部队，还要在西线防御预料中要
进入欧洲的盟军。最后进行抵抗的德军单位被盟军重型轰炸机
的空袭粉碎，但盟军一直要到5月初才可以朝罗马推进。5月17
日，德军部队从卡西诺撤退，而美军则在6月5日攻取罗马。

　　在其他方面，1944年8月14日到15日的"铁砧行动"
（Operation Anvil）中，盟军的伞兵部队在法国南部空降，展
开一场实际上未受抵抗的进军以穿越法国。但在意大利境内激
烈的战斗仍持续进行，不过盟军于1945年4月发动的最后攻势
一口气夺取了维罗纳（Verona）、博罗尼亚（Bologna）、费拉
拉（Ferrara）和帕尔马（Parma）。到了5月2日，意大利和奥
地利境内的德军部队才向盟军投降。

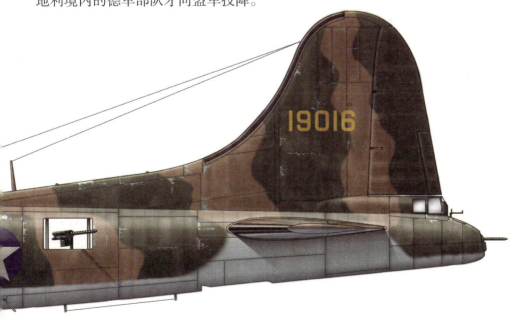

4

东线战场：
1939 至 1945 年

东线冲突是第二次世界大战的转折点，东线战场夺走了比战争中其他所有战区加起来还要多的生命。

←图为地勤人员正检修一架福克D.XXI，以准备进行另一次任务，该机是冬季战争最初几个月里芬兰战斗机部队的主力。在冬季战争中芬军宣称取得的空战胜利记录里，大部分是由驾驶荷兰供应的D.XXI的飞行员创造的

　　广泛的冲突随着芬兰和苏联间冬季战争的爆发，于1939年11月30日展开。在瓜分了波兰之后，斯大林担心希特勒将会跨越芬兰湾（Gulf of Finland）对列宁格勒（Leningrad）发动攻击；为了预防起见，苏联人选择攻占芬兰的领土作为缓冲区，建立可用来逐退对苏联攻击的基地。在长达14周的战斗中，红军在地面上奋力征服准备万全且活力充沛的芬兰守军——同样的作战模式也反映在空战上，虽然战斗时常因天气恶劣而中断。

　　在战争开始时，芬军主要装备了福克D.XXI战斗机、"布伦海姆"式Mk I轰炸机和福克C.X侦察机。在芬军手中，尤其是福克D.XXI被证明大幅超越了过时的苏军I-15bis双翼战斗机，甚至连芬兰仅有一个中队老旧的布里斯托"斗牛犬"式机（Bulldog）都可以击落敌机。苏军拥有数量优势：他们部署了将近700架飞机，来对抗芬军数量不到150架的战机。最后苏军纯粹凭借着数量压倒了芬军，但在这过程中遭受了重大损失。苏军的DB-3（稍后改称为Il-4）、SB-2和年代久远的TB-3，在对芬兰领土的日间空袭中，都遭遇格外惨重的战斗损失，而到了该年底芬军便已赢得50次空战胜利。

　　芬军于1月6日展开反攻，其空军部队兵力旋即因为获得来自英国的现代化的"布伦海姆"式IV型、"长手套"式（Gauntlet）和"斗士"战斗机，以及来自法国的MS.406与意大利的G.50而获得提升。在同一天，芬军的D.XXI飞行员约

玛·萨尔万托（Jorma Sarvanto）宣称在一天之内击落6架DB-3
敌机而闻名。然而新飞机的运抵并无法阻止不可避免的结果发
生，苏军将参战飞机数量提升至1500架，也在1940年1月时引
进了I-16单翼战斗机，面对着芬军的反抗恢复了轰炸作战，并
朝维普里（Viipuri）推进。

虽然数量远远不如对手的芬军在地面上毫不屈服，但到了
3月，他们面对着大约2000架苏军飞机。冬季战争随着芬兰于
1940年3月13日签署停战协定而结束，包括维普里在内的卡累
利阿（Karelia）大部分地区，均落入苏联手中。

希腊之役

在希特勒展开入侵苏联的行动之前，必须先扫清巴尔干
地区的障碍。德军的计划是压制住希腊和南斯拉夫，并攻占罗
马尼亚的油田。如同后来显示的，巴尔干战役并未如希特勒
所愿的那样进展顺利。德军为了准备进行"巴巴罗萨行动"
（Operation Barbarossa）而付出的努力，可以说是适得其反，
对该行动的成功有着损害性的间接效果。

墨索里尼的意军部队，在1940年10月28日穿越阿尔巴尼亚
进攻希腊后，努力想要征服该国但却无法如愿，因此希特勒决
定介入。在空中，意军的MC.200和G.50面对着英国皇家空军，
而"布伦海姆"式I/IV型和"斗士"I型已经部署至希腊境内的
基地。尽管英国皇家空军的"斗士"飞机已经过时，但在1941
年1月，还是在面对意军时宣称获得了30次空战胜利。

3月1日，德军进入保加利亚，以准备进行入侵希腊的"玛
利塔行动"（Operation Marita）。为了回应德军，英国皇家空
军就从北非将额外的单位调往希腊，这些飞机当中包括"飓

福克D.XXI

类　　型：双座侦察 / 轰炸双翼机

动力来源：1台663.5千瓦坦佩雷（Tammerfors）制布里斯托飞马（PegaSus）XII或XXI九汽缸单排星型发动机

最高速度：335千米 / 时

作战高度：8100米

重　　量：最大起飞重量为2900千克

武　　装：2挺7.62毫米口径机枪，一挺为固定前射式，另一挺则安装在驾驶舱后方可活动的后射机枪座上；可外挂500千克的炸弹

尺　　寸：翼展　12米

　　　　　长度　9.29米

　　　　　高度　3.30米

风"式I型战斗机。随着南斯拉夫在3月发生军事政变，德军于4月6日发动"玛利塔行动"。第8航空队为本次作战提供空中支援，辖下共有约1200架飞机，当中包括Bf-109E和Ju-88A等机种。同一时间，希特勒承诺将以"尽可能快的速度"粉碎南斯拉夫，而Do-17Z、Ju-87B和Ju-88A准时在4月6日轰炸塞尔维亚首都贝尔格莱德（Belgrade）。

　　随着弱小的南斯拉夫空军——同时装备着"飓风"式和Bf-109E，在作战的前3天内几乎彻底被歼灭，在该战区中剩余的希腊和英军飞机不但数量不如德军，战机的技术差距也十分

绰号"佩特"的佩托：英国皇家空军头号王牌飞行员

在希腊战役里奋不顾身的战斗中，南非出生的飞行员马默杜克·托马斯·圣约翰·佩托（Marmaduke Thomas St John Pattle），几乎可以确定是整场战争中受勋最多的英国皇家空军王牌飞行员，他于雅典上空和德国空军Bf–110激战时阵亡。在短短的9个月时间，佩托驾驶"斗士"和"飓风"式取得了50次空战胜利。

明显。希腊空军战斗机部队的骨干PZL P.24，在面对Bf–109E时根本没有什么胜算。到了4月24日到25日，德军已经占领南斯拉夫，摧毁了比雷埃夫斯（Piraeus）港，并拿下了萨洛尼卡（Salonika），而到4月15日只剩下28架飞机可升空作战的英国皇家空军，就被迫开始从希腊撤离。随着希腊的崩溃和英军的抵抗，再加上雅典于4月27日陷落，最后残存的英国皇家空军部队就和英联邦官兵一起被撤离至克里特岛。不久之后，这些筋疲力尽的部队再度被投入战斗，试图驱逐在"水星行动"中对克里特岛进行空降突袭的德军，但最后以徒劳无功告终。

德国在巴尔干半岛成功紧急救援意大利人，最终以希腊和南斯拉夫臣服于轴心国部队的支配作为终结。这场战役耗费了比预计中要久的6周时间，结果使得希特勒的主要目标，即入侵苏联行动的展开，以及随后欧洲两个主要"超级强权"一决雌雄的时机，必须往后推迟。

轴心国的入侵行动代号为"巴巴罗萨"，于1941年6月22日拂晓展开，希特勒宣称："我们只要往门上踹一脚，这整栋腐朽的房子就会跟着垮下来。"但实际情况多少有些不同。尽管德国事实上仍在巴尔干和地中海战区作战，4个航空队（Luftflott）已经沿着从黑海一路延伸到波罗的海的战线集结完毕，支援北方、中央和南方3个集团军群。

斯大林是否像许多历史记录所指出的那样彻底受到奇袭仍不无争议，但轴心国的入侵行动在刚开始的数周内进展十分迅速，却是不争的事实。在空中力量的协助下，于波兰和西方战役期间被证明极为成功的"闪电战"战术才得以在苏联的大地上延续。德军最初进军的焦点摆在中央集团军的战线上，他们将在波罗的海国家和普里佩特（Pripet）沼泽地之间朝莫斯科的方向深入，由第2航空队负责掩护，而当中的Ju-87"斯图卡"俯冲轰炸机将会彻底打垮苏军装甲部队。

"巴巴罗萨行动"展开

德国空军利用了早期侦察飞行的成果——在这个过程中

↓图中为哈尔科夫前线（the Kharkov front）一带的飞行员，居中者是他们的指挥官古萨洛夫（I.M.Gussarov）。古萨洛夫的单位宣称在1942年5月中旬的一个星期内就取得了15次空战胜利，此时正值铁木辛哥（Timoshenko）元帅在哈尔科夫发动大反攻，但最后以失败收场

曾动用Ju-86P高空侦察机。在拂晓的空袭中首批由He-111、Ju-88和Do-17等轰炸机组成的高空轰炸部队出动攻击10座苏军机场；随之而来的攻击波，由大约800架在低空飞行的轰炸机和Ju-87编成——此外还得到了战斗机掩护——后者对苏军机场造成进一步损害，将地面上的所有敌军单位一扫而空。在"巴巴罗萨行动"的第一天里，德国空军宣称摧毁了1800架苏军飞机，当中绝大部分都是在基地内被击毁。

除了将各式各样的飞机投入攻势作战中之外，德国空军和地面部队也集结了超过1000架支援飞机执行广泛的任务，包括侦察、运输和与陆军协同作战。

除了德军单位之外，轴心国也提供了各式机队：第4航空队下辖有一支强大的罗马尼亚航空联队，任务主要是以He-112B、"飓风"式和PZL P.24防御普洛耶什蒂（Ploesti）的油田；至于其他部队则包括一支来自捷克斯洛伐克的小型分遣队，以菲亚特CR.32、CR.42战斗机和Ju-86K轰炸机为基础的匈牙利空军，还有来自克罗地亚（Croatia）的"志愿"单位，意大利和西班牙部队则在稍后加入他们的行列。

大约由800架准备好战斗的德国空军战斗机组成的部队，主要机种为Bf-109E/F，可用来对抗那些已经设法升空的苏军飞机；在这一阶段中，苏军的主力战斗机仍是I-16，这款飞机在面对由经验丰富的飞行员所驾驶的Bf-109时，可说是毫无获胜希望。

在德国空军的众多目标中，苏军手中数量稀少但可用的先进的米格-3战斗机具有十分重要的地位。一直到1942年10月为止，I-16都是战斗机队的主要装备，德国空军飞行员借此保持稳定的击落数字，当中包括一些格外优异的个人纪录。对数一数二的德国空军王牌飞行员来说，值得注意的是

其中大部分人在某一段时间内都曾在东线服役过，举例来说像是"王牌中的王牌"埃里希·哈特曼（Erich Hartmann），在他创下的352架击落纪录当中，至少有345架是苏军飞机。

由于察觉到冬季的降临将会带来重大的影响，希特勒已经计划在圣诞节攻占莫斯科，因此德国空军就在7月时于比亚韦斯托克（Bialystok）和明斯克（Minsk），以空中武力协助消灭主要的苏军抵抗口袋阵地，以及炸毁至关重要的博布鲁伊斯克（Bobruysk）铁路桥之后，便开始对苏联首都展开轰炸。尽管德国空军握有制空权，但大约容纳10万名苏军部队的斯摩棱斯克（Smolensk）口袋阵地，是较难克服的目标。在这个阶段，德国空军各单位从某一座被攻占的机场跳至另一座，不顾一切地试图为迅速深入的地面部队维持空中掩护。

到了1941年9月底，德军整条战线从列宁格勒向南延伸远至克里米亚（Crimea），而到了12月初时更是进一步拉长到沃罗涅什（Voronezh）、罗斯托夫（Rostov）和莫斯科的外围区域。

当德军部队逼近列宁格勒时，苏军于6月25日进攻芬兰，SB-2轰炸机再一次在芬兰空军的地盘上发难，芬军G.50战斗机在所谓"延续战争"（Continuation War）中，于开战的第一天就宣称击落13架敌机。芬军再度面对敌众我寡之势，大约只有120架飞机可用，尽管如此他们的美制"水牛"式战斗机却是I-16所望尘莫及的。

←图为在"巴巴罗萨行动"初期，一名手持德军代表性武器MP40冲锋枪的士官正在一座燃烧中的农舍旁待命。由于苏联空军在"巴巴罗萨行动"一开始就几近全军覆没，所以德国的闪电战可说是进展神速

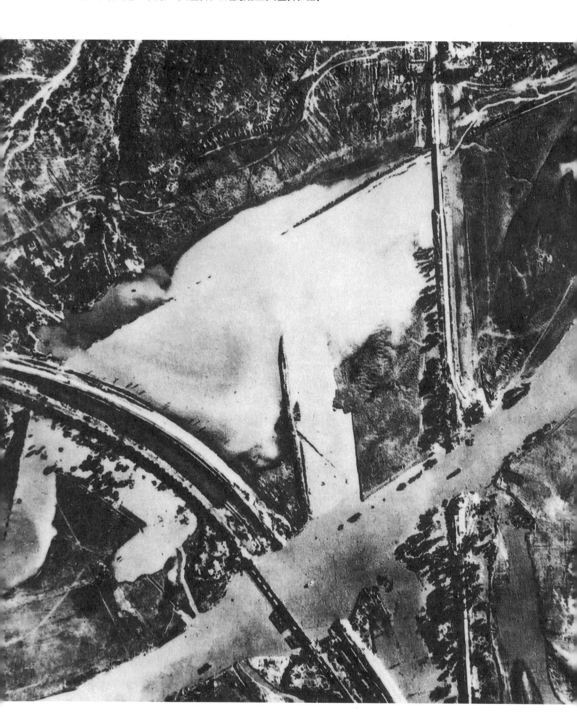

围攻列宁格勒

　　虽然德军在北方的进展相对稳定，但希特勒却抓住机会介入，宣布主要的目标将会是乌克兰而非列宁格勒，该市此时已在德军打击范围内，Bf-110在8月时就已经对列宁格勒郊区的机场进行了空袭。红军坚守列宁格勒，而德军就改变战术，从9月26日起开始包围该城，并由第1航空队担任先锋进行航空作战。在红军的活动遭由Ju-88和Bf-110帮助的德军压制之前，苏联航空兵参与于8月16日发动的一波反攻，这是开战以来他们第一次可以运用数量充足的兵力扰乱德国空军的航空作战。

　　除了为地面部队攻占的广大领域提供空中掩护之外，在"巴巴罗萨行动"最初几个月里，也可以看到对德国空军来说精彩无比的个别战斗场面。在9月22日一场由Ju-87对喀琅施塔得（Kronshtadt）海军基地进行的空袭中，汉斯-乌尔

←德军的空中侦察照相显示，顿河上三座桥梁中的两座已经被苏军破坏了。由于苏军在战争刚开始时缺乏性能优良的轰炸机和对地攻击机，因此这方面的不足就由地面部队的活动来加以弥补

道尼尔（Dornier）Do-17Z-2

类　　型：中型轰炸机	枪，装在挡风玻璃、机鼻、
动力来源：2台656千瓦BMW布拉莫（Bramo）	机背和机腹等位置；机身内
九汽缸星型发动机	载弹量可达1000千克
最高速度：410千米/时	尺　　寸：翼展　　　18米
作战高度：8200米	长度　　　15.79米
重　　量：最大起飞重量为8590千克	高度　　　4.56米
武　　装：1挺或2挺7.92毫米口径活动式机	机翼面积　55平方米

里希·鲁德尔（Hans-Urlich Rudel）驾机击沉了战列舰"马拉特"号（Marat）。鲁德尔之后成为战争中受勋最多的军人，以摧毁包括500多辆坦克在内的大约2000个地面目标的纪录，获颁骑士十字勋章并加上橡叶、宝剑和钻石徽饰。

对喀琅施塔得的空袭，是一个规模庞大的计划，由第1航空队领导，以支援北方集团军。以苏军波罗的海舰队为目标，并清出一条通道，使德军部队可以向列宁格勒挺进。苏军也发动了一些值得注意的空袭：1941年8月，Il-4、Yer-2和四发动机的Pe-8战机空袭柏林；虽然代价高昂且成效不佳，但却在宣传上打出了漂亮的一击，因为这是在德国空军第一波大规模轰炸莫斯科之后，紧接着反攻的空袭行动。德国空军对莫斯科的首波大规模轰炸已于7月21日开始，参战的飞机包括200架Do-17、He-111和Ju-88，但德国空军对莫斯科的轰炸作战结果证明，这只不过是一种象征性举动。

在较靠近苏联领土的地方，苏军于德军入侵之后就派出SB-2和DB-3等轰炸机，在没有战斗机护航的状况下对德军机场进行空袭，然而在德军Bf-109战斗机的严密防守下，苏联这些老旧的轰炸机就如同在冬季战争中一样，遭受惨重的损失。

英国皇家空军配备了"飓风"式战斗机，在9月时运抵摩尔曼斯克（Murmansk）的"飓风"式具有更为持久的价值：这是第一批由苏军使用的外国制战机，也是为了战争援助而提供的装备。在租借法案的名义下，苏联人接收了大量为打赢战争而使用的物资装备，包括现代化的战斗机在内，这些物资为

↓图为1943年底，一架罗马尼亚的He-111轰炸机正在挂载炸弹准备出击。除了捷克斯洛伐克以外，罗马尼亚是唯一一从一开始便参与东线战争的轴心阵营国家，但盟军对该国油田的攻击意味着其空军此时采取守势

他们的初步成功奠定了基础。苏军使用一些西方制的机型在战斗中胜出。值得注意的是，不受美国航空队欢迎的P-39空中"眼镜蛇"式（Airacobra）战斗机，苏军则在东线上将其当成低空战斗机使用，而让它有崭露头角的机会。

"台风"来袭

由于9月时德军在南面进展神速，再加上对列宁格勒和奥德萨（Odessa）展开了围城作战，轴心国的注意力便又回到朝莫斯科进军一事，也就是"台风行动"（Operation Taifun）上。

对轴心国部队而言，在乌克兰的作战虽然相当成功，但却浪费了宝贵的时间，并立刻进一步衍生出许多问题：12月，第2航空队所属飞机被重新调遣至地中海战区，而在同一时间，冬季的来临使得轴心国部队的前进速度慢了下来。"台风行动"于10月初展开，虽然已经于进军的路上攻占包括奥廖尔（Orel）在内的关键目标，但希特勒在天气变得更恶劣前却未能达成占领莫斯科的目标。到了10月底时，摩托化部队和飞机一样都根本无法动弹，

希特勒致命的犹豫不决

早在1941年8月，希特勒的全盘目标就已经从莫斯科转移至克里米亚和顿涅茨（Donets）。也许是因为德国陆军离苏联首都的路程已不到一半的事实，导致他过度自信，但无论如何中途转向攻打南方的决策使他付出了高昂代价。游击队开始发动让轴心国部队感到困扰不已的袭击，扩大了进一步的混乱。秋雨迟滞了部队的前进，并将临时跑道变成一片泥淖；后勤补给线愈来愈长，作战能力也愈来愈低。Hs-123和Fi-156对日益恶化的天气状况特别能够适应，但后勤补给线的问题只会因为德军继续往东朝莫斯科推进而加剧。

等到12月初就被冻住了。

随着德军渐渐不支，苏军指挥官格奥尔基·朱可夫（Georgi Zhukov）抓住主动权，在来自远东地区的生力军的支援下，于12月5日到6日在莫斯科地区发动一波大规模反攻。因为天气因素，加上对有限的空中作战资源进行重新部署，使得地面部队丧失空中掩护，德军便于12月8日起从莫斯科撤兵，所以希特勒只得被迫放弃攻占苏联首都的计划。至此，德国空军的兵力已经降至在整条战线上大约只有1900架作战飞机，当中可能只有半数能够出动。

苏军持续顽强抵抗，在列宁格勒、哈尔科夫（Kharkov）与莫斯科不断压迫轴心国部队。红军设法逼退德军，并在1942年2月于德军中央和北方两个集团军之间实现大规模突破，成果是德军第10军在列宁格勒以南的德米扬斯克（Demyansk）被切断，另外在霍尔姆（Kholm）也形成了另一个规模较小的"口袋"阵地，因此这时就轮到德国空军的运输机部队来提供支援，他们以Ju-52/3m运输机给被困在"德米扬斯克口袋"

←←图为一架盖着迷彩伪装网的苏军图波列夫（Tupolev）SB-2轰炸机停放在暴露的滑行道上准备出击，地勤人员正进行挂弹作业。该机虽然在"巴巴罗萨行动"展开时就已经是落伍机种，但还是一直服役至1943年。此机采用克里莫夫（Klimov）M-103直列式发动机

↑在苏联卫国战争期间，苏军航空部队隶属于地面部队，经常要听从如率领红军直捣柏林的朱可夫元帅等野战指挥官的命令

阵地内的部队运输补给，直到4月时德军穿越苏军防线打开一条陆上通道为止。其间，德国空军动用DFS-230和Go-242滑翔机给"霍尔姆口袋"内的部队运输补给，直到5月援军抵达时才停止。德米扬斯克的运输补给任务是德国空军运输机部队首次奉命以如此规模对部队进行补给，虽然任务成功完成，但却占用了德国空军几乎全部的运输力量，连轰炸机都被征用来扮演运输机的角色，输送必需物资。

随着德军攻势在兵临莫斯科城下时被逐退，希特勒再次将注意力转向南方，而南方集团军奉命朝克里米亚和乌克兰南部的目标推进。德国空军的第4航空队在匈牙利空军的支援下，自开战起就在南翼作战，掩护南方集团军从普里佩特沼泽地以南，一路延伸到匈牙利和斯洛伐克边界上的正面。

第4航空队的最终目标是支援德军朝第聂伯（Dnieper）河和基辅（Kiev）方向追击，同时也要压制黑海区域敌军的海空活动，以保护罗马尼亚的油田。德军在此独立的战场上发动一波攻击，指向奥德萨和摩尔多瓦（Moldova），并由罗马尼亚和匈牙利部队支援。红军便后撤至更深处的阵地以防卫基辅，在其经由铁路撤退期间，还不断遭到德军He-111和Ju-88的骚

扰攻击。当希特勒的目标从莫斯科转移至克里米亚和高加索
（CaucaSus）时，德国空军从1941年8月起便投入大量兵力，
将苏军逼退至第聂伯河一线后方。

　　德军迅速在第聂伯河上建立桥头堡，并由Bf-109和Ju-87
战机保护，而红军在基辅城外的阵地也在9月时遭德国空军
痛击。随着苏军抵抗力量被消灭，基辅市的争夺战于9月26日
落幕。

德国的"蓝色方案"

　　当苏军在北方持续进行攻击时，德军于1942年4月起在南

↓ 图为一名苏军士兵正在看守一架被击落的Bf-109F。当梅塞施密特Bf-109F在"巴巴罗萨行动"期间首度出现在战场上时，可说是无人能敌，但苏军单座战斗机的逐步发展，使局面从1942年中期开始逐渐扭转

方重新展开作战，以准备进行一场规模庞大的夏季攻势，代号为"蓝色计划"（Fall Blau）。

这一次德军将设法取得石油以供自身使用，还要夺取克里米亚半岛。苏军的损失十分惨重，无法在5月初于哈尔科夫发动的大规模反攻中阻挡德军，而德军则再度广泛运用空中轰炸和近距离空中支援，尤其是第4航空军的飞机在哈尔科夫迫使苏军撤退时发挥了重要作用。

在一场代号为"猎鸨行动"（Operation Trappenjagd）的德罗联合行动中，轴心国部队大量利用了德国空军的轰炸机和俯冲轰炸机，并于不久之后攻占了刻赤（Kerch）半岛；另外在经过一段时间的炮兵轰击和多达600架德国空军飞机的狂轰滥炸后，"堡垒城市"塞瓦斯托波尔（Sevastopol）于7月1日落

← ←图中为东线上的德国空军飞行员正在讨论下一趟任务。尽管德国空军在初期获得巨大成功，顶尖的王牌飞行员也创下令人印象深刻的纪录，但到了1944年初，德国空军不仅数量上大大不如苏军，连面对如何补足人员损失的问题时都感到棘手不已

米格-3

类　型: 单座战斗机 / 战斗轰炸机	武　装: 1挺12.7毫米口径机枪和2挺7.62
动力来源: 1台1007瓦米库林（Mikulin）AM-35A十二汽缸V形发动机	毫米口径固定式前射机枪；外挂火箭和炸弹可达200千克
最高速度: 640千米 / 时	尺　寸: 翼展　　　10.2米
作战高度: 12000米	长度　　　8.25米
重　量: 空机重为2595千克；最大起飞重量为3350千克	高度　　　2.65米
	机翼面积　17.44平方米

入德军手中。就好像在"巴巴罗萨行动"揭开序幕时那样，轴心国部队看起来再度势不可挡。

　　在塞瓦斯托波尔上空，轴心国部队的航空兵握有空中优势，而苏军因为大量装备LaGG-3、米格-3和Yak-1而获得的技术进步，马上就因为Fw-190A的出现而被完全抵消。德国空军的航空兵力到了1942年中期时，已经增至约2750架飞机。

新飞机，新装备

　　除了Fw-190之外，德国空军此时还开始使用改良后的Ju-87D，以及Hs-129专用近距离空中支援机。在塞瓦斯托波尔陷落之后，轴心国部队准备向东进军，依照"蓝色方案"的规划从6月28日开始向沃罗涅什推进，随后将能确保里海（Caspian

↓图中为地勤人员正在为这架由树枝伪装的La-5FN加油。拉沃奇金的La-5FN配备一具采用燃油直喷装置的ASh-82FN发动机，最大速度可达每小时620千米，并拥有绝佳的机动性，可与绝大部分德军战斗机匹敌

Sea）沿岸至关重要的油田。在这场战斗中，各
路德军将在顿河（Don）会师，并包围红军，德
国空军则能够提供大约1200架可投入作战的飞机
进行支援。由于斯大林被打了个措手不及，德军
在本次作战的初期阶段迅速地向东深入，而"斯
图卡"也在战斗中被证明效果奇佳。不过就在
这个时候，希特勒在判断上又犯下另一个严重
错误。

　　随着德军两个集团军已经在7月14日于顿河
会师，且罗斯托夫跟着在7月23日陷落，计划中
在沃罗涅什后方朝向高加索的推进实际上已经暂
停了，德军的注意力又再次转到攻占具备战略重
要性的城市上。希特勒的新目标是列宁格勒和斯
大林格勒（Stalingrad），苏军则誓言不惜一切代
价死守这两座具有重要意义的城市。

　　其间，轴心国部队已经进抵克里米亚地区的第一块油田，
但延伸的补给线使得他们无法再向东南方做进一步深入；更重
要的是，此时德国空军的兵力已经过度延伸，因此再也无法确
保对战线南段地面部队的掩护。

　　对弗里德里希·保卢斯（Friedrich Paulus）的第6集团军来
说，斯大林格勒从来就不是一个轻松的目标，红军防卫这座象
征性的城市事关其威望，而当时的天气就像1941至1942年在莫
斯科时那样，再一次对守方有利。

　　到了1942年9月中旬，轴心国战线在北方从列宁格勒和
德米扬斯克开始一路向南延伸，经过俄罗斯西南方的沃罗涅
什，直到斯大林格勒及后方区域，为了拿下这座城市，第6集
团军分成两个独立的部分正面作战。在空中，德国空军维持

↑这张照片透露了
苏军在1945年时享
有的空中优势。如
图，一架La-7（最
靠近镜头者）旁，
是一整排令人印象
深刻的Yak-3战斗
机。La-7爬升率和
机动性都比Fw-190
更好，而Yak-3可
说是战争中最敏捷
的战斗机

↓虽然米高扬－格列维奇（Mikoyan–Gurevich）的米格–3无法经历拉沃奇金（Lavochkin）与雅科夫列夫（Yakovlev）发展的后继战斗机种所享有的成功岁月，但这款线条流畅的战机的飞行速度却是格外的快。然而在1942年至1943年时，大部分此型战斗机都从前线航空兵转隶至防空军部队

东线上的新装备

1942年，梅塞施密特Bf–109F取代了德国空军的Bf–109E，过时的Do–17也被替换了，然而更重要的是苏军在同一年也取得了新装备。最后，随着大量的单翼机，比如LaGG–3、米格–3和Yak–1战斗机，以及Il–2与Pe–2对地攻击机抵达战场，现代化战斗机开始如雨后春笋般出现。但为了躲避"闪电战"的破坏，飞机生产线都被转移到苏联东部的新厂房里，新飞机的装备进度因而受到限制。

数量和技术层面的优势，并使用He-111和Ju-88对该城发动猛烈轰炸，不过苏军方面有大批性能优良的La-5和Pe-2抵达，这意味着一种长足的进步，也是即将发生大事件的前兆。这场战役里的其中一位苏军英雄是莉莉娅·利特维亚克（Lydia Litvyak），她是战绩最佳的女性战斗机王牌飞行员；9月13日利特维亚克宣称在斯大林格勒上空击落一架Ju-88敌机。

在10月，重整旗鼓的红军部队发动了"天王星行动"（Operation Uranus），以钳形运动绕过斯大林格勒，包围数量约为30万人的轴心国部队。由于轴心国部队身陷敌境，因此就轮到德国空军的运输机队为第6集团军维持一条空中运输补给的走廊。这时冬季已经降临，苏军也有效运用火炮轰击德军运输机使用的机场。德军运输机的主力是Ju-52/3m和其他运输机，但也包括He-111和He-177等轰炸机。1943年1月中旬，德国空军只剩下两座机场可用，因而被迫以空投的方式进行运输补给；到了2月，第6集团军向苏军投降，希特勒的东进野心就这样画上了句号。

库尔斯克大会战

苏军已经成功地在斯大林格勒减弱了轴心国部队向东方推进的势头，希特勒因此下令德军于1943年6月在战线中段发动

→照片中为两架苏联波利卡尔波夫（Polikarpov）I-153战斗机正在塞瓦斯托波尔上空巡逻。这些双翼机在"巴巴萨行动"的初期阶段，毫不令人意外地蒙受了惨重损失，但它们在次要战区中仍继续服役，特别是在克里米亚和远东地区

一波新攻势。新战役的目标是在沃罗涅什以西，于库尔斯克（Kursk）突出部集结的大批苏军，红军和轴心国部队在莫斯科以南的地区即将面对面决一死战。

在"巴巴罗萨行动"展开时，地中海战区战况的变化，导致了攻势展开时间的重大延误，同样的事情也在库尔斯克战役时发生。由于希特勒预计盟军将会在地中海战区发动攻势，库尔斯克攻势——代号为"堡垒行动"（Operation Zitadelle），因而暂停。最后"堡垒行动"于1943年7月5日展开，但到了那时苏军已经把3个航空集团军，共计将近2500架作战飞机的兵力投入攻势中，此外还部署了大批预备队。

← Ju-87D-3于1942年底开始服役，用来担任近距离空中支援的角色，其发动机和机组人员的装甲保护都有所改进

苏军转守为攻

在苏军的飞机当中，有许多是Il-2和Il-2M3对地攻击机，它们将证明自己对地面上的装甲部队和一般单位具有毁灭性的威力。苏联的战争计划可谓是多兵种合成进攻（大纵深突破战

术）的典范——有点像"苏军式闪电战"（Soviet Blitzkrieg）战术。这一战术从此刻起将会成为准则，而德国空军则开始转攻为守；除了数量被超越之外，德国空军还受到游击队袭击和燃料缺乏的双重打击。

当德军准备好对苏军进行装甲部队突击的时候，双方在库尔斯克的摊牌主要是以陆战为主进行战斗，结果就造成历史上规模空前的坦克大战，双方大约有3000辆坦克在战场上爆发混战。而在他们的头顶上专用的反坦克攻击机也给双方带来冲击，当中的佼佼者莫过于Hs-129和被改装进行反坦克作战的Ju-87D，还有Il-2。"斯图卡"也提升火力，衍生出Ju-87G，配备2门37毫米口径机炮，而Ju-88更装上75毫米炮而变成Ju-88P，这两款飞机都及时被部署至战场上，因此能够参与库尔斯克战役。经过长达一周的激战后，德军显然占了上风，但苏军的朱可夫元帅却又投入了一整个全新的坦克集团军，以及额外的Il-2攻击机。

德国陆军元帅埃里希·冯·曼斯坦因（Erich von

↓1944年，这架Bf-109G-6由芬兰排名第三［仅次于伊尔马利·尤蒂莱南（Ilmari Ju-utilainen）和汉斯·温德（Hans Wind）］的王牌飞行员埃诺·卢卡南（Eino Luukkanen）驾驶。卢卡南驾驶D.XXI、"水牛"式和Bf-109，他一共击落了56架敌机，并参与了1944年6月在卡累利阿进行的激烈空战

Manstein）明白，此刻轴心国部队岌岌可危，因此建议撤军，但希特勒下令继续展开攻势。然而苏军拉大战线，苏联空军也渐渐开始占上风，当他们在北边朝奥廖尔逼近时，德国空军的损失便开始上升。到了战役结束时，轴心国部队已经折损了大约900架飞机，而苏军只损失了约600架。

随着轴心国部队在库尔斯克遭遇决定性失败以及德国空军失去空中优势，希特勒东线战役的败象渐露。同时，本土战线的局势也变得愈来愈紧迫，比如大批飞机，特别是Bf-110，

伊留申（Ilyushin）Il-2

类　型：双座近距离空中支援和反坦克攻击机	武　装：2门23毫米固定式前射机炮和2挺7.62毫米口径机枪；驾驶舱后方装有1挺12.7毫米口径机枪；2枚200千克的反坦克炸弹或8枚火箭
动力来源：1台1238千瓦米库林AM-38液冷式直列发动机	
最高速度：404千米／时	尺　寸：翼展　14.6米
作战高度：6000米	长度　11.6米
重　量：空机重为4525千克；最大起飞重量为6636千克	高度　3.4米

新装备的战争

　　随着德国空军的兵力在1942年中期时开始延伸，地面部队再也无法确保可以获得空中支援，而轴心国部队的形势也因为苏军新一代战斗机的效率而更加恶化。La-5FN和Yak-9是坚固、可靠、耐用且足以匹敌德国空军的战斗机；而当地制造的战斗机还得到愈来愈多通过租借法案取得的战斗机的补充，这些战斗机包括P-39、P-40和"喷火"式。虽然宣传机器倾向淡化西方装备的成就，但在苏军手中的P-39给人留下了深刻印象。反过来看，德国空军在库尔斯克只能投入1000余架作战飞机——这几乎已是所有部署在东线上的飞机数量。虽然最新型的Bf-109G抵达战场使得德军拥有技术优势，但更重要的事件将会在地面上展现，因为德军指挥官此刻拥有威力强大的"虎"式（Tiger）和"豹"式（Panther）坦克。

德国空军的夜袭

　　为了减少损失，德国空军也开始愈来愈常在夜间出击，最后甚至编组专门的夜间对地攻击机大队（Nachtschlachtgruppen），这一战术反映出苏联空军扮演夜间骚扰袭击角色的成功。苏军方面使用老旧的波利卡波夫U-2（稍后被定名为Po-2）执行这类任务，而德军则征用"哥达"式Go-145和阿拉道Ar-66双翼教练机等机种。

从东线上被撤回以防卫纳粹帝国本身。然而对德国空军来说，东线仍有一些积极发展，比如愈来愈脆弱的Ju-87D持续由Fw-190F对地攻击型替换，后者于1943年初首度开始服役。到了1943至1944年冬天，苏军航空兵的数量已经大幅超越德国空军，而先前德军享有的质量优势也已经慢慢丧失了。苏军利用轴心国部队的弱点，于1943年底在基辅地区发动一波大规模攻势；在东线上的第三个冬季里，德军惨遭重击，到了1944年1月，红军已经开始朝西方大举进击，朝日托米尔（Zhitomir）方向深入。

　　就像先前在德米扬斯克和斯大林格勒一样，轴心国地面部队（南方集团军下辖的单位）发现他们又被苏军切断了，这次是在"科尔松—切尔卡瑟（Korsun Cherkassy）口袋"阵地。他们唯一可靠的运输补给的方式就是空投补给，但这又是另一场失败，该口袋阵地于2月中旬时遭歼灭。这段时间在北方，德军于列宁格勒战线上遭受最后的战败，虽然德国空军成功地将飞机数量从240架增加至400架，然而苏军在接受空投补给的游击队的帮助下守住了该市，同时U-2双翼机在夜间骚扰任务中也相当活跃。经过长达880天的围城后，随着德军的最后抵抗在列宁格勒南边被排除，苏军终于在1月27日突破德军封锁。

1943年红军冬季攻势的成功，为1944年春季将德军逐出乌克兰的目标注入了一股新动力。到了1944年5月时，最后一批德国空军飞机撤离了在克里米亚口袋抵抗阵地内苟延残喘的轴心国部队。随着制空权的确保，苏军航空兵开始加强对撤退中的轴心国部队的打击。当苏军拥有大约3000架可用飞机的时候，德国空军在整条战线上每天仅能勉强凑足300架可用的战斗机。

1944年7月间，红军有时候以每天约40千米的速度向西前进；到了苏军于1944年7月9日进入维尔诺（Wilno）［现今的维尔纽斯（Vilnius）］的时候，在红军掌握中的白俄罗斯实际上已经安全了。苏军接下来做的就是向西发动经过周密协同的

↓1944年，德军部队正在测试一架迫降在拉脱维亚境内的Po-2。虽然这款飞机的外观显然已相当老旧，但Po-2（被德军称为"缝纫机"）在一般侦察、伤患撤离、联络和夜间骚扰攻击任务等方面，却有良好表现

连续进攻战役，在当中饱受围攻的德军部队将会在一路退回国界的过程中不断遭受沉重打击而制空权在这个过程里扮演了重要的角色。

向西方赛跑

苏军向西方的前进取道两条走廊：第一条伸入波兰东北部，第二条则在南方，伊万·科涅夫（Ivan Konev）元帅的部队将会从那里朝维斯杜拉河（Vistula）挺进。刚开始时红军的进展相当快速，随即就抵达铁路补给线的末端，到了该月月底，苏军不但已经攻下布列斯特-立托夫斯克（Brest-Litovsk）一线，还已经渡过了维斯杜拉河。

这时苏军将领将他们的注意力转向南边，特别是巴尔干半岛。苏军在8月20日从奥德萨前线重起攻势，目标是罗马尼亚，由大约1700架飞机支援。罗马尼亚部队和德国盟友随即被压倒，而罗马尼亚政府

回到芬兰

当红军持续将轴心国部队逐出乌克兰后,他们便挥师向北进攻芬兰,于1944年6月10日越过卡累利阿进入芬兰境内。在同一个月,美国航空队的第8和第15航空队开始从苏联领土起飞出击,德国空军的反应是派出轰炸机对盟军轰炸机基地进行一连串空袭行动,但却对盟军的战斗力量没有造成多大影响。德国空军到了1944年中期时仍能集结约2000架飞机,但为了对付德军,苏军方面能够派出多达1.3万架飞机,而且该国的工业还能以惊人的速率生产新装备,以弥补作战损失。

德军在芬兰作战期间,空中力量在双方阵营都发挥了重要作用,但苏联的数量优势(苏联投入约750架飞机进行战斗)最终还是克服了芬德联军的防御。尽管如此,芬军还是给苏军造成重大伤亡,就像在冬季战争时一样。这一次他们得益于更现代化的战斗机,当中最值得注意的就是Bf-109G-6。苏军攻陷维堡(Viborg)后,芬兰人于1944年9月4日同意停火。

在仅仅3天之后就屈服了,结果至关重要的普洛耶什蒂油田牢牢地落入盟军掌中。9月8日,苏军占领保加利亚,但德国空军依然在巴尔干半岛奋战不懈,坚持和苏军周旋到底,且仍得到盟友匈牙利的协助。

到了1944年12月时,德苏战线已经转移至从聂曼河(Niemen)到华沙以东、再向南到布达佩斯(Budapest)间的一线之地。苏军能够集结约15500架作战飞机,而他们的有效运用已使德国空军在整条战线上的总数下降至只有区区2000架飞机。斯大林大军的进展也比在阿登地区挣扎前进的西方盟军更加迅速,因此红军到1945年1月13日就抵达了东普鲁士(East Prussia)。

←←在苏联空军的大部分兵种里拥有女性人员是其一大特征,从莉莉娅·利特维亚克和卡娅·布达诺娃(Katya Budanova)这类王牌飞行员到图中这名军械士地勤人员。这位女军械士正在为Yak-9D的机枪装填子弹,这是被广泛使用的单座战斗机的远程型号

↓贝尔公司的中置发动机战斗机"空中眼镜蛇"和"眼镜蛇王"（Kingcobra）因为其低空表现佳得到苏军的高度赞扬。图中站在P-39"空中眼镜蛇"旁的是菲多尔·希库诺夫（Fedor Shikunov），在1945年3月被高射炮击落前，他在52场空中战斗中就取得25次胜利

东线的终曲

在东普鲁士，双方不论是在地面上还是在空中都爆发了激战，德军的顽强抵抗加上恶劣天气把红军挡在柯尼斯堡。

然而，随着苏军于1月17日进抵华沙，他们发现了一个重要的目标。在2月，苏军渡过了奥得（Oder）河，并发现他们离柏林已经不到80千米。到了这个时候，德国守军使用愈来愈铤而走险的手段抵挡苏军，德国空军就是在这样的背景下派出了"槲寄生"（Mistel）子母机。

同一时间，德国空军企图提高战斗机部队的兵力，期望从苏军手中夺得制空权，因此重新部署飞机以保卫首都，然而德国空军的资源无论是在物质还是人员方面不但愈来愈少，而且要同时在两条战线上消耗，而苏军这时也引入了La-7和Yak-3，其大部分性能都要比德军主力战斗机更为优越。

这一趋势中的例外，是少数德国空军费尽方法投入前线服役的Me-262"喷气"式战斗机，但即使这些战机不容易被击落，苏军头号王牌飞行员伊万·阔日杜布（Ivan Kozhedub）还是在2月19日宣称，于法兰克福（Frankfurt）上空的战斗中击落一架这款后掠翼战机，他最后的纪录为击落62架敌机。红军胜券在握，柏林市在5月被苏联占领。

↓ "槲寄生"（Mistel）子母机是在剩余的轰炸机机身上安装炸弹，再由战斗机吊挂，并引导飞向目标，由此可看出德国军方愈来愈不择手段。如图，Ju-88A和Bf-109F组成"槲寄生"1型，被用来攻击奥得河上的桥梁

5

太平洋战场：
1941 至 1945 年

日本把所有的一切都赌在一系列意图压制远东和太平洋战区中英美海空军兵力的行动上，以建立"大东亚共荣圈"。

← 由于日军对夏威夷群岛珍珠港发动毁灭性攻击，美国突然陷入第二次世界大战的旋涡中。日军集中航空兵力打击珍珠港内的战列舰和瓦胡岛上的美军航空设施

　　1941年12月7日到8日，日军下令对夏威夷群岛的瓦胡岛（Oahu）、菲律宾群岛、中国香港和马来亚，同时发动数场作战的时机点，在很大程度上是基于美军太平洋舰队在星期日早晨一般都是停泊于珍珠港（Pearl Harbor）内的事实。日本把所有的一切都赌在一系列意图压制并消灭远东和太平洋战区英美海空军兵力的行动上，以建立"大东亚共荣圈"（Greater East AsiaCo-Prosperity Sphere）。在建立"大东亚共荣圈"，并沿着周围组成防御圈之后，日本人希望能够以这样的优势态势迫使英美与其缔结和平协议。驻扎在中南半岛（Indo-China）南部基地的日本帝国航空队（Imperial Japanese Army Air Force，JAAF）第3飞行集团（Hikoshudan），和日本帝国海军航空队（Imperial Japanese Navy Air Force，JNAF）第22航空舰队将会提供支援。以中国台湾为基地的陆军第5飞行集团和海军第21与第23航空舰队将会攻击驻守在吕宋岛（Luzon）上的美国远东航空队（US Far East Air Force）。

　　日军南云忠一（Chuichi Nagumo）海军中将的第1航空舰队（Koku-Kantai）的舰船于1941年11月26日起程离开日本，以6艘两两互为姊妹舰的航空母舰——即"加贺"号（Kaga）和"赤城"号（Akagi）、"飞龙"号（Hiryu）和"苍龙"号（Soryu）以及"瑞鹤"号（Zuikaku）和"翔鹤"号

（Shokaku）为基础，共计有135架"零"式战斗机①、135架99式舰上爆击机②，与144架97式舰上攻击机③。

12月7日凌晨3时，第1航空舰队抵达瓦胡岛北方320千米处的机队起飞位置，第一攻击波由189架飞机组成，从清晨6时开始起飞，而第二波攻击的170架飞机则于7时15分离开航空母舰。

日军最重要的目标是在珍珠港内锚泊或系留的船舰，而"零"式战斗机和99式舰上爆击机将掩护攻击行动，并袭击惠勒（Wheeler）、希卡姆（Hickam）、卡内奥赫（Kaneohe）及福特（Ford）等机场。日军的攻击于7时50分展开，美军顿时陷入毁灭当中。日军的鱼雷击中战列舰"西弗吉尼亚"号（West Virginina）、"亚利桑那"号（Arizona）、"俄克拉荷马"号（Oklahoma）、"内华达"号（Nevada）和"犹他"号（Utah），还有巡洋舰"海伦娜"号（Helena）和"洛利"号（Raleigh），以上各舰加上战列舰"加利福尼亚"号（California）、"马里兰"号（Maryland）和"田纳西"号（Tennessee），以及修理船"维斯托"号（Vestal）均被99式舰上爆击机和97式舰上攻击机投弹命中，至于战列舰"宾夕法尼亚"号（Pennsylvania）、巡洋舰"火奴鲁鲁"号（Honolulu）和驱逐舰"凯辛"号（Cassin）、"道尼司"号（Downes）和"肖"号（Shaw）的损伤则较轻微。到了8时30分，日军完成了他们的任务，在353架参战的飞机当中，日军只损失了9架"零"式战斗机、15架99式舰上爆击机和5架97式舰上攻击机；在空中和地面上，美国航空队损失了71架飞机，

① 即A6M2战斗机。——译者注

② 即D3A1舰上俯冲轰炸机。——译者注

③ 即B5N2鱼雷轰炸机。——译者注

爱知D5A2

类　　型：双座舰载俯冲轰炸机	武　　装：3挺7.7毫米机枪，2挺为固定式前射，另1挺为活动式，装在驾驶舱后方；载弹量为370千克
动力来源：1台969千瓦三菱（MitSubishi）金星（Kinsei）54型14汽缸气冷式星型发动机	
最高速度：430千米/时	尺　　寸：翼展　　14.37米
作战高度：10500米	长度　　10.02米
重　　量：空机重为2570千克；最大起飞重量为3800千克	高度　　3.85米
	机翼面积　34.90平方米

海军陆战队损失了30架飞机，海军则损失了66架飞机，人员损失方面则为2403人死亡和1176人受伤。

有限的抵抗

日军第4航空舰队集结在加罗林群岛（Caroline Islands）的特鲁克（Truk），负责掩护占领威克岛（Wake）、关岛（Guam）和吉尔伯特群岛（Gilbert Islands）的任务，日军只有在威克岛遭遇顽强的抵抗。但即便如此，早在12月8日，千岁航空队（Chitose Kokutai）的36架96式陆上攻击机[1]从约1160千米远的第24航空舰队在马绍尔群岛（Marshall

航空母舰在哪里？

　　由海军大将山本五十六拟订的日军攻击计划里有一项失算，那就是太平洋舰队的航空母舰都不在珍珠港内，因此不会遭受到攻击："企业"号正在运送飞机至威克岛后返回的途中，"萨拉托加"号正在圣地亚哥整修，而"列克星敦"号正运送飞机至中途岛。

Islands）罗纳慕（Roi Namur）基地起飞，轰炸威克岛上的飞机疏散区，摧毁了12架F4F-3"野猫"式（Wildcat）战斗机当中的7架；到了第二天，96式陆上攻击机①再度出动，以杀伤弹进行攻击，但损失了2架飞机。日军的首波登陆行动于12月10日展开，但美军在残存的3架F4F战斗机的支援下击退日军，因此日军将正在返回日本途中的"飞龙"号和"苍龙"号调回，由99式和97式战机进行猛烈轰炸，以掩护最终的入侵行动，最后美军卫成部队于12月23日投降。

　　在马来亚，远东英军总司令空军上将罗伯特·布鲁克-波帕姆爵士（Sir Robert Brooke-Popham），负责指挥英国皇家空军和澳大利亚皇家空军下辖各单位，他们的飞机大多是老旧机种。刚开始，日军入侵部队于12月6日被澳大利亚皇家空军的1架"哈德森"式巡逻轰炸机（Hudson），在中南半岛南端东南偏东133千米处发现。盟军部队随即发布警报，不过日军占领泰国南部宋卡（Singora）的计划已经就绪，第3飞行集团（3rd Hikoshudan）的97式重型爆击机②和99式双发轻型爆击

---

① 即G3M2轰炸机。——译者注
② 即Ki-21中型轰炸机。——译者注

机①也已经在空中横行，轰炸了多处目标。到了12月6日晚间，日军已经在宋卡和北大年（Patani）登陆；12月8日，由战列舰"威尔士亲王"号（HMS Prince of Wales）、战列巡洋舰"反击"号（HMS Repulse）和4艘驱逐舰组成的Z部队离开新加坡以搜寻并摧毁日军入侵舰队，但却没有任何空中掩护。12月10日，Z部队在关丹（Kuantan）正东方约128千米处，遭到从西贡起飞的第22航空舰队（22nd Air Flotilla）飞机攻击，在这场经过仔细策划的攻击中，96式陆上攻击机从中高度的空中进行轰炸，而一式陆上攻击机②则负责低空鱼雷攻击，结果日军只损失4架飞机，就把"威尔士亲王"号和"反击"号一举击沉。

到了12月底，当日军在第3飞行集团的一式战斗

→在战争开始的前6个月内，日军于东亚和东南亚多处地点频繁出动，在强势的空中武力掩护下发动攻击，盟军飞机时常来不及起飞就被摧毁。图为日军官兵正在检查被摧毁的英军飞机

---

① 即Ki-48轻型轰炸机。——译者注
② 即G4M1中型轰炸机。——译者注

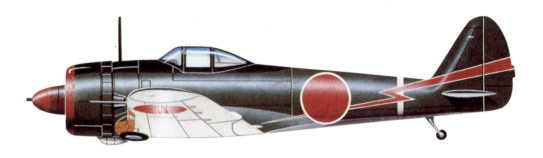

中岛Ki-43

类　　型：单座陆基战斗机

动力来源：1台858千瓦中岛HA-115星型活
　　　　　塞发动机

最高速度：530千米／时

作战高度：11200米

重　　量：空机重为1910千克；最大起飞重
　　　　　量为2925千克

武　　装：2挺12.7毫米机枪；载弹量最多
　　　　　可达2枚250千克炸弹

尺　　寸：翼展　　　　10.84米

　　　　　长度　　　　8.92米

　　　　　高度　　　　3.27米

　　　　　机翼面积　　21.40平方米

机"隼"①与97式战斗机②的掩护下向南推进时，英军在马来
亚的局势已经急转直下。英国皇家空军和澳大利亚皇家空军
的损失相当惨重，而到了1942年1月底，英军就被困在新加坡
岛上，直到2月15日才投降。日军在这场战役中损失了92架飞
机，而英军和澳军则损失惨重，共有390架失去战斗能力。

　　1942年1月10日，美英荷澳联军司令部（Amerocan,
British, Dutch, Australian, ABDA）成立，负责协调盟军在该
战区中的各项防御，但只能集结大约310架老旧飞机，当中160
架隶属荷兰，用来防卫荷属东印度群岛（Dutch East Indies）。
由1月初从中国台湾移防至菲律宾达沃（Davao）的日本帝国
海军航空队第21和第23航空舰队作为补充力量，日军进攻荷

---

① 即Ki-43。——译者注

② 即Ki-27b。——译者注

属东印度群岛的战役在第22航空舰队与日本帝国航空队第3
飞行集团的协助下，于1月11日正式展开。第21航空舰队支
援从达沃经霍洛岛（Jolo）、打拉根（Tarakan）、巴厘巴板
（Balipapan）和马辰（Bandjermasin）至巴厘岛（Bali）的中
央突进，在过程中也得到轻型航空母舰"龙骧"号（Ryujo）
的协助；日军在东边的推进先是攻下苏拉威西（Sulawesi），
然后一路向南前进攻打万鸦老（Manado）、肯达里

菲律宾的战火

在菲律宾，麦克阿瑟将军麾下的美国远东军（US Force Far East,
USFFE），由刘易斯·布里尔顿（Lewis H. Brereton）少将的美国远东航空军
支援，其下包括第19轰炸大队的B-17D和第24驱逐大队的P-40B战斗机，另
外还有一些海军飞机，但数量非常少。1941年12月8日清晨，对日军的第一波
攻击展开时，盟军方面共有约160架美军和29架菲律宾飞机可用。第一场战斗
在达沃爆发，航空母舰"龙骧"号的13架97式舰上攻击机和9架A5M4战斗机奇
袭了盟军。日军第5飞行集团第8战队（Sentai）的中岛重型爆击机和第14战队
的97式轰炸机接着对吕宋岛北部碧瑶（Baguio）和土格加劳（Tuguegarao）
发动空袭。主要的攻击也是由以中国台湾为基地的日本帝国海军航空队第21和
第23航空舰队进行，但他们的行动因机场起雾而推迟，不过还有108架96式和
一式轰炸机，在87架来自第1、第3、中国台湾高雄和台南航空队的"零"式战
斗机护航下，还是在12时45分飞抵目标上空，一举摧毁了马尼拉周围的机场设
施。日军在12月8日的攻击炸毁了108架飞机，盟军方面只剩下17架B-17和不
到40架P-40。接下来几周，在日军登陆并攻击美国远东军的过程里，这支弱小
的部队在敌众我寡的状况下奋战不休。到了12月25日，美国远东航空队的残部
已经撤至澳大利亚，而美军地面部队则于1942年5月6日投降。在马尼拉于1942
年1月2日陷落后，第5飞行集团便向西移防，以参与缅甸战役。

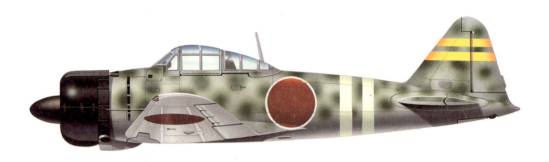

三菱"零"式战斗机

类　　型：单座舰载机 / 陆基战斗机 / 战斗轰炸机	武　　装：2门20毫米机炮，位于机翼；2挺7.7毫米机枪位于机身前段；外挂弹重量为120千克
动力来源：1台708千瓦中岛14汽缸双排星型发动机	尺　　寸：翼展　　12米
最高速度：534千米 / 时	长度　　7.06米
作战高度：10000米	高度　　30.5米
重　　量：空机重为1680千克；最大起飞重量为2796千克	机翼面积　20平方米

（Kendari）、安汶（Ambon）、望加锡（Makassar）和帝汶（Timor），此路则是由水上飞机母舰"千岁"号（Chitose）和轻型航空母舰"瑞凤"号（Zuiho）增援，另外还有第23航空舰队的协助。而航空母舰"加贺"号、"赤城"号、"飞龙"号与"苍龙"号也发挥了重要作用。最后，日军横扫荷属东印度群岛，于3月8日获得作战胜利。

拉包尔的陷落

当马来亚、缅甸、菲律宾和荷属东印度群岛的战斗还在进行的时候，日军同时也向东南方进击，以占领俾斯麦群岛（Bismarck Islands），并夺取新几内亚岛（New Guinea）上的阵地，这样就能正处于一个可攻击美澳之间海空交通线的位置。经过几次预备性空中攻击后，新不列颠岛（New Britain）上的拉包尔（Rabaul）在1月20日遭到从"瑞鹤"号、"翔鹤"号、"加贺"号与"赤城"号上起飞的120架"零"式战斗机、99式舰上爆击机与97式舰上攻击机的空袭。1月23日，一支日军特遣部队在新不列颠岛上登陆，中午时分便拿下拉包尔；新爱尔兰岛（New Ireland）上卡维恩（Kavieng）的重要港口和机场，也被同一支特遣部队占领。

在日军军力经由新几内亚伸向澳洲，并进入新赫布里底（New Hebrides）、斐济（Fiji）和萨摩亚（Samoa）等岛群的计划中，拉包尔是关键地区。以拉包尔为基地的话，96式陆上攻击机加上之后调来的一式陆上攻击机，其航程就可以将巴布亚（Papua）南岸的盟军基地莫尔斯比港（Port Moresby）纳入打击范围内，而日军就在2月3日对莫尔斯比港进行首度攻击。在3月7日到8日夜间，日军部队在新几内亚北海岸的莱城（Lae）和萨拉毛亚（Salamaua）登陆，准备行军越过欧文·斯坦利（Owen Stanley）山脉进攻莫尔斯比港。在此期间，莱城将成为日军驻拉包尔各航空作战单位的前进基地，这些单位在4月初时被编成全新的第25航空舰队。

航空母舰兵力

到了1942年1月，日军航空母舰"翔凤"号（Shoho）的服役，使得日本海军的航空母舰数量增至6艘舰队航空母舰和3艘轻型航空母舰。另一方面，切斯特·尼米兹（Chester W. Nimitz）海军上将的美军太平洋舰队（Pacific Fleet）只有4艘航空母舰，分别是大型的"列克星敦"号（Lexington）

和"萨拉托加"号（Saratoga），以及中型的"约克城"号（Yorktown）和"企业"号（Enterprise），而"大黄蜂"号（Hornet）此刻正在进行试航，并预定前往圣地亚哥（San Diego）参与美国航空队空袭东京的训练；当"萨拉托加"号在1月11日遭一枚鱼雷击中受创后，航空母舰的数量就只剩下3艘。

在珍珠港和威克岛的作战之后，"加贺"号、"赤城"号、"瑞鹤"号和"翔鹤"号返回九州（Kyushu）进行整补，但"飞龙"号和"苍龙"号却前往特鲁克，1月14日它们在当地与另外4艘航空母舰会合，然后就被用来支援征服荷属东印度群岛的作战。在准备入侵帝汶的时候，"加贺"号、"赤城"号、"飞龙"号与"苍龙"号，加入了贝里琉岛（Peleliu）外于帕劳群岛（Palau）集结的部队。在2月19日的清晨，航空母舰进抵达尔文（Darwin）东北方320千米处的位置，参与以肯达里为基地的第1航空攻击队（1st Air Attack Force）的96式陆上攻击机和一式陆上攻击机协同进行的攻击。大约81架97式舰上攻击机、99式舰上爆击机与"零"式战斗机于9时50分飞抵达尔文上空，97式舰上攻击机在中空进行轰炸，99式舰上爆击机对港口和机场设施进行俯冲攻击，"零"式战斗机则扫射船只及地面上的飞机，他们抵挡住美国航空队第33驱逐机中

←三菱97式重型爆击机之类的陆基轰炸机被日军归类为重型轰炸机，然而它们顶多算是中型轰炸机。这些轰炸机的航程相当长，但在战争中大部分时间里却缺乏一些基本设备，像防弹装甲和自封油箱等

队的拦截企图，美军所属10架P-40E战斗机被击落，且没有取得任何战果。到了11时45分，第1航空攻击队大约53架双发动机轰炸机轰炸了市区和港口，结果大约有15架美国航空队和澳大利亚皇家空军的飞机被摧毁，另有5艘商船、1艘澳军驱逐舰和2艘其他船只被击沉。之后，达尔文经常遭到从肯达里和帝汶—彭菲（Penfui）的基地起飞的第23航空舰队飞机攻击。

第1航空舰队的下一站是印度洋（Indian Ocean）以及孟加拉湾（the Bay of Bengal），"赤城"号、"苍龙"号、"飞龙"号、"瑞鹤"号及"翔鹤"号的任务是空袭锡兰（Ceylon），希望能够引诱出英国皇家海军的东方舰队（Eastern Fleet）进行决战，而"龙骧"号则负责进入孟加拉湾进行破交任务。这些航空母舰总计拥有377架飞机，而为了支援他们，第22航空舰队已将辖下96式陆上攻击机和一式陆上攻击机从戈罗恩邦（Gloembang）调至苏门答腊（sumatra）北部的沙璜（Sabang）。英军通过巡逻水上飞机的侦察获得预警，预计到接下来可能发生的事；4月5日，127架日军战机飞抵科伦坡（Colombo）港上空，但该地的防务措施大多未完成准备工作。约有26架"飓风"式Mk IIA和6架"管鼻鹱"式（Fulmar）Mk II紧急升空应战，但它们不是"零"式战斗机的对手，"零"式战斗机一举击落2架"卡特琳娜"式、10架"飓风"式（另有5架损毁）与6架海军的飞机，本身只损失7架；在港中则有1艘商船和1艘驱逐舰沉没。在南边，53架97式舰上攻击机和99式舰上爆击机发现一支英军巡洋舰部队，俯冲轰炸机击沉了"多塞特郡"号（HMS Dorsetshire）和"康瓦尔"号（HMS Cornwall）。"龙骧"号的飞机于4月6日袭击了维沙卡帕特南（Vizagapatam）和科科拿大（Coconada），但没有获得多少战果。日军航空母舰于4月9日回过头来攻击亭可

"杜立特掠袭者"（Doolittle Raider）

1942年4月1日，18架经过改装的北美制造有限公司B-25"米切尔"双发动机轰炸机被装载到"大黄蜂"号上，接着在4月18日，它们就对日本本州的东京、神户、横滨（Yokohama）和名古屋进行了一次大胆且独具创意的空袭。这艘航空母舰于4月2日自美国起航，并和"企业"号会合，之后两艘航空母舰便一同前往东京东方约725千米的预定起飞点。4月18日7时38分，美军发现1艘日军的哨戒船，海军中将威廉·哈尔西（William F. Halsey）担心他的动向已经暴露而有危险，因而于8时左右下令机队起飞，此时"大黄蜂"号离日本仍有1290千米远。所有的B-25都设法起飞，而恶劣的天气也帮助美军在真正展开攻击时保有完全的奇袭优势。绝大多数的机组人员都在中国大陆上空安全跳伞，2架飞机迫降在浙江省，1架降落在俄罗斯的海参崴（符拉迪沃斯托克），还有2架降落在日本领土上，结果其机组人员被斩首。这些轰炸机造成的损害可说是微乎其微，但这场空袭行动却大幅提高了美国军民的士气，并促使日军立即对浙江发动攻势，因为他们相信攻击机群是从该地出发，此外日本帝国航空队还编成了两个战斗机飞行团，以担负本土防卫的任务。

→→1942年4月，当美军以航空队的北美制造有限公司B-25"米切尔"（Mitchell）双发动机轰炸机从海军的航空母舰"大黄蜂"号起飞攻击东京，并让日本人明白他们攻击美国到底意味着什么，他们已取得心理战上的成功

马里（Trincomalee）和中国湾（China Bay），击沉了航空母舰"竞技神"号（HMS Hermes），还击落8架英军战斗机和5架"布伦海姆"式IV型轻型轰炸机。

日军在1941年12月8日到10日占领泰国后，日本帝国航空队第5飞行集团的第10飞行团（Hikodan）就移防到该国的机场，之后第3飞行集团的第7飞行团就从没有敌军实际空中威胁的马来亚被派来强化日军在泰国的航空兵力。1941年12月23日，为了准备入侵缅甸，第7和第10飞行团对仰光（Rangoon）进行首波空袭，该地的防御由第60和第67中队组成的英国皇家空军第221联队负责，装备过时的"水牛"式战机。1941年

初，于东吁（Toungoo）编成的空军美籍志愿大队（American Volunteer Group，AVG）下辖3个中队，装备"鹰"81A战斗机，已经在防守滇缅公路（BurmaRoad），这是中国唯一与外相联的陆上通道，第三中队这时正以仰光城外的明加拉东（Mingaladon）为基地。盟军的战斗机实力约为37架飞机。

日军对仰光的第一波空袭由60架97式重型爆击机和护航的战斗机进行，遭到英军两个中队和美军一个中队的拦截，其飞

行员宣称击落9架轰炸机和1架97式战斗机，本身的损失为2架"鹰"81A战斗机（Hawk 81A）。12月25日，在至少200架日军飞机进行的第二次空袭中，英国皇家空军和美籍志愿大队共有8架战斗机被击落，但日军鉴于遭受到的损失，便从1月4日起至1月23日改为夜间空袭。1月23日之后，整个第5飞行集团已经从菲律宾移防至泰国，在激烈的作战中重新展开日间空袭至1月29日；但即使如此，日军在1月23日至29日间损失了超过50架飞机。尽管第221联队兵力因为获得"飓风"式IIB型战斗机而增强，但仅能维持守势，而不久之后缅甸的防御就土崩瓦解了。

缅甸之役

到了1942年3月中旬，第5飞行师团（Hikoshidan）——在这段时期内，日本帝国航空队所有的飞行集团（flight division）都改编为飞行师团——移防至仰光，掌控缅甸战区所有的日本帝国航空队单位，随即压倒了残存的英军空中武力。日军向北方节节进逼，到了4月29日便在腊戌（Lashio）切断滇缅公路，接着于1942年5月攻克曼德勒（Mandalay），就在一个星期之后，日军先锋部队因季风雨而结束进军前已抵达钦敦江（Chindwinriver）。

1942年5月，日军大本营（imperial headquarters）已将野心扩张到1941年12月时构想的范围以外，包括东边的中途岛（Midway）、北边的阿留申群岛（Aleutian Islands）和以巴布亚的摩斯比港为垫脚石至南边的澳大利亚，并借由占领所罗门群岛（Solomon Islands）的图拉吉（Tulagi）来屏障东边。夺取以上这些目标的任务被分配给以拉包尔为根据地的第4舰队，并协同必要的运输部队、机动部队〔由第5航空舰队（5th Carrier Division）的"瑞鹤"号和"翔鹤"号组成〕、支援部队〔以水上飞机母舰"神川丸"（Kamikawa-Maru）为中心编成〕，以及由轻型航空母舰"翔凤"号（12架"零"式战斗机与9架97式舰上攻击机）和4艘重型巡洋舰组成的掩护部队。这些舰只将横扫所罗门群岛，从东南方逼近莫尔斯比港，而"瑞鹤"号和"翔鹤"号（125架飞机）将对抗美军的所有行动。陆基飞机的航空支援将由驻守在拉包尔的第25航空舰队提供，来自中国台湾台南和元山航空队（Genzan Kokutai）的45架战斗机和45架轰炸机预计在5月4日抵达拉包尔。美军获得的情报显示了日军的这一计划，尼米兹随即准备抵抗行动，

↓一开始，美国海军航空飞行员缺乏像日军一般，不断击沉船舰的经验和技巧，但他们随即集中一切潜力，在更现代化的飞机的帮助下，从1942年中期开始扭转局面

导致珊瑚海海战（Battle of the Coral Sea）爆发。5月1日在努美阿（Noumea），海军少将法兰克·弗莱彻（Frank J. Fletcher）接手指挥全新的第17特遣部队（TF-17），包括"约克城"号和"列克星敦"号，共搭载有143架F4F-3、TBD-1"毁灭者"式（Devastator）和SBD-3"无畏"式飞机（Dauntless）。日军的作战于5月3日展开，图拉吉的登陆行动没有遭到任何抵抗，之后"翔凤"号在早晨就被指派加入莫尔斯比港的进攻部队。第二天清晨，"约克城"号的飞机空袭了图拉吉，之后这两艘美军航空母舰就在5月5日上午会合，珊瑚海海战于两日后展开。

决战中途岛

从1942年5月起，日本在太平洋上的海军作战便意图将日本的影响力沿着三条路

←在太平洋战役的初期，美国海军分阶段淘汰较老旧的飞机，比如TBD"毁灭者"式鱼雷轰炸机，并更加依赖更现代化的机型，例如图中这些SBD"无畏"式俯冲轰炸机

图为中途岛战役前，"企业"号上T-6鱼雷机中队的机组人员正在登上他们的道格拉斯TBD-1"毁灭者"式鱼雷轰炸机

珊瑚海海战

1942年5月7日中午12时，"瑞鹤"号和"翔鹤"号的舰载机发动的攻击只命中油轮"尼奥肖"号（Neosho）和驱逐舰"西姆斯"号（Sims）。B-17E轰炸机跟踪"翔凤"号，再加上它的舰载战斗机正在从事其他任务，"约克城"号的飞机便攻击"翔凤"号，并迅速将其击沉。5月8日，"约克城"号和"列克星敦"号的飞机击中了"翔鹤"号，迫使它必须返回特鲁克。其间，由日军航空母舰上起飞的97式舰上攻击机和99式舰上爆击机等战机攻击了第17特遣舰队。"列克星敦"号遭1枚鱼雷命中，但仍设法回收其舰载机，不过舰上的浓烟不断扩散，最后在12时47分，一阵巨大的爆炸撕裂它的舰身，"列克星敦"号上的官兵在当晚弃船，之后再由美军驱逐舰将它击沉。在这次太平洋战区第一场航空母舰的大规模战役当中，日军损失了约80架飞机，美军则损失约66架，而这也是世界上第一场参战双方舰只都没有在敌军视线范围内的海战。

"列克星敦"号

类　　型：航空母舰	乘　　员：2327人
动力来源：4推进器涡轮电力驱动	武　　装：8门203毫米、12门127毫米火炮，80架飞机
最高航速：33.2节	尺　　寸：长度　270.6米
续 航 力：10节时达18900千米	宽度　32.2米
排 水 量：48463吨	高度　9.9米

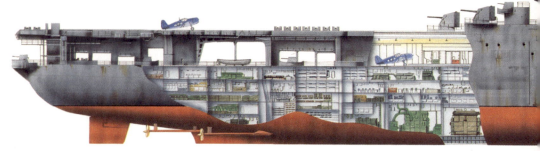

线延伸直至西阿留申群岛（Western Aleutians）、离夏威夷西北方不远的中途岛和莫尔斯比港，再以此处为垫脚石朝向东南方和新喀里多尼亚（New Caledonia）、萨摩亚和斐济深入。山本大将的中途岛作战是日军在夏季最重要的任务，也被认为是攻占中途岛，并引出美军太平洋舰队进行日军所期待的"决定性战役"。

在展开占领中途岛的作战之前，日军将对阿留申群岛上的美军基地先进行牵制攻击。1942年6月5日，日军部队将登陆阿留申岛链中的基斯卡岛（Kiska）和阿图岛（Attu），并建立防御基地，而登陆中途岛的行动也会在轻型航空母舰"龙骧"号和全新舰队航空母舰"隼鹰"号（Junyo）上飞机的猛烈轰炸后进行，轻型航空母舰"瑞凤"号则提供支援。

于5月25日至28日起航朝中途岛前进的日军，其运输和打击部队规模都极为庞大，组织也相当复杂，包括南云忠一的第1航空舰队，下辖"加贺"号、"赤城"号、"飞龙"号与"苍龙"号，共计搭载有72架"零"式战斗机、72架99式舰上爆击机、81架97式舰上攻击机和2架D4Y1-C彗星（suisei）俯冲轰炸机[1]，另外还有老旧的轻型航空母舰"凤翔"

---

[1] 即二式舰上侦察机一一型。——译者注

号（Hosho），舰上搭载8架97式舰上攻击机，以及水上飞机母舰"日进"号（Nisshin）和"千代田"号（Chiyoda），但借由破解日本海军的密码，美国海军了解了日军的计划，并准备伏击山本五十六的舰队。

"约克城"号已经在极短的时间之内修复完毕并准备好出海，组成弗莱彻（Fletcher）TF-17特遣部队的核心，而"企业"号和"大黄蜂"号则是海军少将雷蒙德·斯普鲁恩斯（Raymond A.Spruance）第16特遣部队的中心。美军的航空母舰大约搭载了232架飞机，另外在岸上的基地，还有119架海军和陆战队使用的飞机可投入作战。美国陆军第7航空队也提供了19架B-17E"空中堡垒"和4架B-26A掠夺者式机（Marauder），同样以中途岛为基地。

日军驶向中途岛的特遣部队首先于6月3日在中途岛以西约1125千米处被PBY-5飞艇发现并标定位置。

没有掩护的入侵者

在6月4日早晨，日军派出108架飞机发动第一波空袭，但却被一架PBY-5发现，而另一架PBY-5则在中途岛西北方257千米处标定日军航空母舰部队的位置。当日军机群靠近中途岛时，岛上所有的陆基飞机均升空作战，但却蒙受惨重损失而没有获得实质战果。当日军进行第一波空袭的机群返回后，他们就加油挂弹，准备进行第二波空袭；就在此时，南云获报美军航空母舰正在这片海域出没，便下令飞机改挂鱼雷，准备进行反舰任务。在这段延迟的空当内，老旧的TBD-1鱼雷轰炸机群进行了一波攻击，但惨遭屠杀，41架之中被击落了35架，护航的F4F-3也被击落3架。

当日军航空母舰正在收回战斗机时，"约克城"号和"企业"号上的俯冲轰炸机标定了它们的位置，接着SBD-3在突袭中投弹命中了"赤城"号、"加贺"号和"苍龙"号，这3艘航空母舰都起火燃烧，但"飞龙"号毫发未伤并发动反击，它的舰载机击中了"约克城"号，结果舰上美军被迫弃船，并在之后用鱼雷击沉。最后在17时5分，"大黄蜂"号和"企业"号的SBD-3发现"飞龙"号并将它击沉。这场战役实质上到此结束成为美军的战略大胜利，日军除了损失4艘航空母舰之外，还损失了1艘重型巡洋舰、332架飞机以及216名经验丰富

↑尽管道格拉斯的SBD"无畏"式俯冲轰炸机机体较小，炸弹携带量中等，但却是1942年和1943年时美国海军的重要机种。在稳重且技巧高超的飞行员手中，"无畏"式能够以极高的精准度投下挂载的炸弹

的飞行员，美军的损失则为1艘航空母舰、1艘驱逐舰和150架飞机。

　　这时战斗的焦点又向西南方转移至所罗门群岛区域。当日军从北海岸经由陆路朝莫尔斯比港方向推进受阻时，猛烈的战斗就持续沿着跨越欧文·斯坦利山脉的"科科达小径"（Kokoda Trail）爆发开来。

　　战区的整体局势，之后因为美军陆战队第1师于8月7日登陆图拉吉和瓜达尔卡纳尔岛，战局全面逆转。

　　美军部队迅速粉碎小群日军卫戍部队的抵抗，并着手完成日军已经在瓜达尔卡纳尔岛亨德森平原（Henderson Field）上兴建当中的飞机跑道。

↓在太平洋战场上，战局此时并非呈现一面倒的状态，这张中途岛战役期间"约克城"号甲板倾斜的照片，证明日军还是有能力凭借炸弹和鱼雷发动反击

突击瓜达尔卡纳尔岛

日军决定必须夺回美军位于瓜达尔卡纳尔岛上隆加角（Lunga Point）的据点，因为从亨德森机场起飞的美军飞机可以打击所罗门群岛和新几内亚的日军，还能够袭击远在拉包尔和卡维恩的基地。日军几乎可说是立刻发动空中攻击，而驰援的飞机也匆匆赶往位于俾斯麦群岛的基地。

在接下来的5个月里，日本海军费尽千方百计，希望把美军逐出瓜达尔卡纳尔岛，从第21、第22、第23及第24航空舰队抽调愈来愈多的单位前往拉包尔和卡维恩，并早在9月时就把第11航空舰队的总部从提尼安（Tinian）迁至拉包尔，以监督

↓太平洋战争中，一个决定性要素就是美国可以建造出比日本多得多的军舰，而这些船舰在品质上也比那些进入日本海军服役船舰的更优良

所罗门的海战

在瓜达尔卡纳尔岛上，一开始，美军阵地的空防依赖亨德森机场（Henderson Field）上一个配备F4F-4的陆战队中队，而在瓜达尔卡纳尔岛的周边海域也爆发了一连串海战。在8月23日的东所罗门海战（Battle of the Eastern Solomons）中，日军损失了"龙骧"号，而在10月26日的圣塔克鲁兹海战（Battle of the SantaCruz）中，美军损失了"大黄蜂"号，日军则损失了102架飞机，"瑞凤"号和"翔鹤"号亦受损。10月，当日军地面部队通过海路增援而扩大规模后，双方的地面战斗依然持续着。

海军的航空作战。日军搭乘驱逐舰、巡洋舰和运输船登陆瓜达尔卡纳尔岛，并与陆战队第1师交手，当中部分战事堪称是第二次世界大战期间最惨烈的战斗。当美军部署在瓜达尔卡纳尔岛上的航空兵力因为美国海军和陆战队不断投入兵力，以及美国航空队的P-38F，P-39D和P-40的进驻而日益增强，第25和第26航空舰队的损失就急遽上升。

→→对美军部队来说，夏威夷群岛以西的岛屿基地是具备关键重要性的航空前哨站，也是吸引日军攻击的"磁铁"。日军突击中途岛引发了决定性的中途岛战役，结果日军在这一战役中折损了4艘航空母舰，也丧失了太平洋战场的战略主动权

飙升的损失

1943年1月3日，日军决定拱手让出瓜达尔卡纳尔岛，其第17军的残部就在2月9日撤退；同一时间，日军也已经被逐出巴布亚的布纳（Buna），并退回莱城和萨拉毛亚，结束对莫尔斯比港的威胁。在瓜达尔卡纳尔岛战役中，日本海军损失了1艘航空母舰、2艘战列舰、4艘巡洋舰、11艘驱逐舰、6艘潜艇和大约350架飞机，还有飞机上的精锐飞行员和机组人员。

1942年11月9日，日本帝国海军航空队的第一线作战飞机实力为1721架，当中465架是舰载机，而日本帝国航空队

拉赛尔群岛和新乔治亚

　　有愈来愈多的美军航空单位在瓜达尔卡纳尔岛（Guadalcanal）部署，他们全都隶属于所罗门航空指挥部，该部在新几内亚上空获得美国第5航空队的补充，从1942年12月起，则是由新组建的第13航空军负责。美军于2月21日登陆拉赛尔群岛（Russell Islands），这是沿着所罗门群岛岛链向北推进的第一步；美军从该地可以轻易地飞抵日军在新乔治亚（New Georgia）的机场。而对日本帝国海军航空队而言，他们旋即无法支撑新乔治亚的战况。

尽管"复仇者"式飞机（Avenger）被认为是舰载轰炸机，但在南太平洋和中太平洋战争的典型岛屿战役里，它也是一款极有效的攻击机

的第一线作战飞机此时已在日本、中国、缅甸、苏门答腊和马来亚被编成航空军（Kokugun），数量达1642架。

1943年，美军在太平洋和西南太平洋战区（Southwest Pacific Area，SWPA）等地的发展真正形成对日军的挑战，虽然日本拒绝考虑局势的现实状况，但到那时为止日本可说是已经输掉了这场战争。美军空勤人员这时的训练较佳，并拥有可怕的崭新舰载机，当中包括F4U-1"海盗"式（Corsair）和F6F-3"地狱猫"式（Hellcat）战斗机，还有SB2C"地狱俯冲者"式（Helldiver）轰炸机。更重要的是，美国造船厂新造兵力

←图为在圣克鲁兹海战当中，高射炮弹一枚接着一枚在一艘美军航空母舰上空爆炸开来，形成一道弹幕，为了击退日军抱着必死决心的空袭，美国海军船舰上的高射炮火力愈来愈强

"地狱猫"

类　　型：单座舰载战斗机

动力来源：1台1492千瓦普惠公司（Pratt&
Whitney）双黄蜂（DoubleWasp）
18汽缸星型发动机

最高速度：620千米／时

作战高度：11500米

重　　量：空机重为4191千克；最大起飞重
量为6991千克

武　　装：6挺12.7毫米M2勃朗宁机
枪；载弹量最高可达907千
克；6枚127毫米火箭

尺　　寸：翼展　　　　13.08米
长度　　　　10.23米
高度　　　　3.99米
机翼面积　　31.03平方米

强大的"埃塞克斯"级（Essex）舰队航空母舰的第一艘已
经接近完工，并从1943年6月起开始服役，可搭载多达110架
飞机。

盟军空中优势日益强化的兵力在3月3日显露出来，由乔
治·肯尼（George C.Kenney）少将指挥的美国陆军第5航空军
的飞机拦截了一支从拉包尔驶向莱城的运输船队，其上载有日
军第51师大部分部队。在俾斯麦海海战（Battle of the Bismarck
Sea）中，澳大利亚皇家空军的"英俊战士"式VIC型战斗机、
第43轰炸大队（Bombardment Group，BG）的B–17、第3轰炸大
队的B–25和第38轰炸大队的A–20联手攻击了这支运输船队，

结果16艘船中只有4艘驱逐舰侥幸逃过一劫,这一战终结了日军借由海路增援新几内亚岛上部队的企图。

山本于1943年4月3日乘机飞往拉包尔,准备指导日军放手奋力一搏,以歼灭盟军在所罗门群岛区域的航空兵力,但却误信他们已经击沉了1艘巡洋舰、2艘驱逐舰和25艘运输船,并击落134架盟军飞机(损失数量只有3艘船和不到20架飞机),所以日军于4月12日过早地结束了作战。

美军情报机构破解了日军的密码,得知山本的行程,因此山本大将的座机在4月18日遭美国航空队的P-38战斗机拦截并被击落。日本的战争努力,随即因为山本大将之死而受到严重挫败。

在1943年1月攻占布纳之后,道格拉斯·麦克阿瑟(Douglas MacArthur)命令麾下西南太平洋区域的部队在空中武力支援下发动一连串两栖登陆行动,沿着新几内亚的北海岸向西推进,整个作战在1944年7月30日于最西端的桑沙普(Sansapor)圆满完成。随着1944年2月3日新西兰部队在绿岛(Green Island)登陆,太平洋区域的部队也抵达了所罗门群岛岛链的西北端。

在这两场战役当中,盟军的空中武力可说是主宰了天空,而愈挫愈勇的日军防空,则因为缺乏现代化飞机、重要装备、零件和燃料,再加上日军训练体系负担过重且装备不足,培训出的飞行员和空勤人员素质日益低落,因而每况愈下。在1942年8月7日至1944年2月20日的所罗门群岛和拉包尔战役中,日本海军的航空部队被击败,折损了2935架飞机。到了此时,日军方面已经决定不再突击新不列颠和新爱尔兰岛,因为此举这时早被认为无关紧要了,但却任凭弱小的卫戍部队被孤立,并在这场战争剩下来的时间当中逐渐凋零。

"跳岛"作战

当南太平洋区域的部队穿越所罗门群岛推进，而麦克阿瑟的西南太平洋战区部队正沿着新几内亚的北海岸前进时，尼米兹将军的中太平洋战区下辖各单位正向西长驱直入，穿越吉尔伯特群岛（1943年11月20日至23日）和马绍尔群岛（1944年2月1日至23日），以寻求可作为能更向西边深入攻击特鲁克之类的日军海空军基地。

在攻击特鲁克并登陆马绍尔群岛后，第58特遣舰队的3艘舰队航空母舰和3艘轻型航空母舰（也就是所谓的快速航空母舰特遣部队）就启程前往打击日军在马里亚纳群岛（Marianas Islands）的势力，第22和第26航空舰队的残部于一连串惨重损失之后缓慢复原，就驻防在提尼安（Tinian）和塞班岛（Saipan）。1944年2月21日，也就是美军进攻的前一天，新编成的第1航空舰队才从日本的鹿屋（Kanoya）将120架飞机派

←在美军攻占马里亚纳群岛中的一座岛屿后不久，这些美国航空队的共和公司（Republic）P-47"雷电"式正在起飞，准备进行例行巡逻任务

"冰雹行动"（Operation Hailstone）：空袭特鲁克

1944年2月17日，驻防特鲁克环礁各机场上的第24和第26航空舰队共计有约155架可用飞机，以及浮筒式水上飞机和运输机，另有180架飞机正在维修中。在特鲁克东北方约145千米的海域，72架F6F-3从马克·米切尔（Marc A. Mitscher）将军指挥的航空母舰"企业"号、"约克城"号、"贝劳森林"号（USS Belleau Wood）、"埃塞克斯"号、"无畏"号（USS Intrepid）、"卡伯特"号（USS Cabot）、"邦克山"号（USS Bunker Hill）、"蒙特雷"号（USS Monterey）和"考彭斯"号（USS Cowpens）起飞。日军方面派出第204航空队的45架A6M5和第902航空队的18架"零"式战斗机N型迎战，在接下来的战斗中，日方损失了约30架战斗机，而美军只损失了4架。接下来美军对地面目标进行了一连串毁灭性打击，而到了第二天傍晚时，日军已损失了超过20万吨位的船只和252架飞机。

往关岛、提尼安和塞班岛，但美军舰载战斗机在第二天拂晓发动了一次扫荡任务，将这些飞机全部摧毁。第58特遣舰队的飞机之后攻击帛琉群岛上第26航空舰队的残部，在3月30日到31日派出宣称比实际数量多出100余架的飞机，并为西南太平洋战区部队于4月21日至24日在爱塔佩（Aitape）和荷兰迪亚（Hollandia）的登陆行动提供空中支援，还在4月29日到30日趁重新装备的第22航空舰队飞经特鲁克时加以攻击。

美军对马里亚纳群岛的突击，从6月15日一直进行到8月10日，当中包括征服塞班岛、提尼安岛和关岛的艰苦战斗。日军发动了一次投注一切资源的作战，意图在马里亚纳群岛之外一举歼灭美军海军部队，这一作战结果导致了菲律宾海海战（Battle of the Philippine）的爆发。

在菲律宾的决策

日军的作战计划是以重新编成的航空母舰部队，加上陆基空中武力的支援为基础。第1机动部队已经于1944年3月1日编成，下辖9艘航空母舰，共载有452架飞机，并分为3支航空母舰战队，每支都拥有各自的机队。第1航空战队（Kokusentai）以全新的舰队航空母舰"大凤"号（Taiho）和身经百战的"瑞鹤"号与"翔鹤"号为中心，第601航空队（Kokutai）拥有71架"零"式战斗机五二型[①]、10架"零"式战斗机、81架"彗星"舰上爆击机[②]、9架D4Y1-C侦察机和56架"天山"一二型舰上攻击机[③]。"飞鹰"号（Hiyo）、"隼鹰"号和"龙凤"号（Ryuho）组成第2航空战队，下辖第652航空队，拥有108架飞机，加上27架爱知俯冲轰炸机。由3艘较小的航空母舰

① 即A6M5。——译者注

② 即D4Y2。——译者注

③ 即B6N2。——译者注

↑图为美国海军飞行员在一架格鲁曼（Grumman）F6F"地狱猫"式的水平尾翼前欢庆胜利。自1943年起，美军战机在性能上大幅超越那些日军仍在使用的老旧机种，且数量更多，驾驶它们的飞行员也更有经验

"瑞凤"号、"千岁"号与"千代田"号组成的第3航空战队（Koku-sentai）则搭载了90架飞机。

到了1944年6月时，太平洋上的日本帝国海军航空队陆基航空部队总计有484架飞机，由位于马里亚纳群岛的第1航空舰队直辖，第61航空舰队的114架飞机则位于雅蒲岛（Yap）和帛琉，还要加上在特鲁克的第22航空舰队，新几内亚西部梭隆（Sorong）的第23航空舰队，最后还有民答那峨岛（Mindanao）上达沃的第26航空舰队。

自6月12日起，第58特遣舰队的战斗机开始对关岛、塞班

岛和提尼安岛上第1航空舰队的各个机场进行扫荡，在第一天的早晨就击落81架飞机，同时摧毁地面上29架飞机；第58特遣舰队之后转向北方，攻击父岛（Chichi Jima）和硫磺岛（Iwo Jima）的机场。第1机动部队在6月13日从塔威塔威（Tawi Tawi）起航，向菲律宾海靠近，而日军的第一波机队就在6月19日起飞，发动进攻，共有43架"零"式战斗机，每架都挂上一枚250千克半穿甲弹，还有7架"天山"一二型舰载攻击机和第1特别攻击队的14架"零"式战机护航。

日军依赖海上航运以支撑他们在东南亚和太平洋上的各据点，因此美军舰载机经常深入日军占领的地区，摧毁其运输船只和经常造访的港口

"猎火鸡"

这波机队遭到197架F6F-3战斗机拦截，结果日军只击中了1艘战列舰，但战斗机和舰上的40毫米高射炮却击落了42架日军飞机，而美军潜艇也在此时击沉"大凤"号和"翔鹤"号。

日军小泽治三郎（Jisaburo Ozawa）将军在6月19日发动4次攻击，总计达373架次飞机，但在太平洋战争规模最大的空战中，损失了243架飞机，另有33架严重受损。在向西边退却后，第1机动部队就被第58特遣舰队的攻击飞机逮到（包含77架俯冲轰炸机，当中大部分为SB2C-1，还有54架TBF/TBM-1鱼雷轰炸机，由85架F6F-3护航），结果航空母舰"飞鹰"号被击沉，"龙凤"号和"千代田"号也遭到重创。

↓ 图中这架格鲁曼F6F"地狱猫"式战斗轰炸机在"企业"号上降落时不幸发生意外，随即起火燃烧，而一名甲板勤务人员试图解救可能被困在驾驶舱中的飞行员

美军飞机在天黑之后才返回，由于缺乏燃料，共有80架迫降在水面或是坠毁，但大部分机组人员都被救起。日军第1机动部队的航空兵力已经被消灭，对舰载机提供支援的陆基第1航空舰队的组成单位也是一样。

日军第1航空舰队接下来被调往菲律宾的马尼拉（Manila），加入驻守在达沃的第26航空舰队，到了9月初，日本帝国海军航空队在菲律宾的实力已升至约500架飞机。然而9月9日至14日，在第38特遣舰队进行入侵前空袭的过程中，日本帝国海军航空队的实力受到严重打击，到了9月30日，第5基地航空队（也就是第1航空舰队）的兵力降至只有不到100架可作战的飞机。

随着美军按照预定计划于1944年10月20日登陆菲律宾的莱特岛（Leyte），第38特遣舰队攻击了琉球群岛（Ryukyu Islands）上的日军基地，包括冲绳群岛（Okinawa）在内，在10月10日派出了1392架次飞机出击。10月12日，第58特遣舰队攻击了在中国台湾的航空基地，当时日军在那里约有630架飞机，分别隶属第6基地航空队（第2航空舰队）以及日本帝国航空队的第8飞行师团，结果日军由200架飞机组成的部队被美军F6F-3击落了超过100架，而F6F-3本身只损失30架。美军持续对中国台湾和吕宋进行攻击，而在长达一个星期的空战中，日本帝国海军航空队损失492架飞机，日本帝国航空队则损失了150架。

美军入侵莱特岛的作战，由第77.4特遣支队17艘护航航空母舰的大约500架飞机支援，更远距离的掩护则由第38特遣舰队（快速航空母舰特遣部队）、9艘舰队航空母舰和8艘轻型航空母舰的1074架飞机提供。在美军攻占或修筑莱特岛上的机场后，盟军的陆基航空兵力接着就加入战局，并在此时扩大部

署，包括肯尼（Kenney）指挥下的远东航空队（Far East Air Force，FEAF）。远东航空队于1944年7月成立，下辖美军第5和第13航空队的2500架飞机，以及澳大利亚皇家空军的420架飞机。

大对决

日本海军试图在四阶段的莱特湾战役（the Battle of Leyte Gulf）中歼灭盟军第一批登陆部队，这场战役于10月23日至26日进行，至今仍为世界上规模最大的海战。参战的4支日军舰队当中，有3支是攻击的舰队，剩下1支则为诱饵舰队，后者是以残存的航空母舰为基础编成，只有116架飞机。这场战役可再进一步分成锡布延海（Sibuyan Sea）海战、苏里高海峡（Surigao Strait）海战、萨马岛（Samar）海战和恩加诺角（Cape Engano）海战。

日军的损失包括4艘航空母舰和500架飞机，而美军则只

←这张照片是在1944年于马里亚纳塞班岛沿海的作战中，从美军"珊瑚海"号（Coral Sea）的甲板上拍摄的。可以看到一架日军战机陷入一团火焰当中，其飞行员可能试图进行"神风"特攻，驾机冲撞下方的美军航空母舰。这是第二次世界大战太平洋战场后期阶段的经典景象

损失1艘轻型航空母舰、2艘护航航空母舰［包括被日军飞行员以"神风特攻队"（Kamikaze）战术击沉的"圣洛"号（St.Lo）］，以及200多架飞机。

在锡布延海海战中，日军栗田舰队从南海进入巴拉望航道（Palawan Passage）时被美军潜艇定位，接着哈尔西收到通知，然后发动攻击，击沉了2艘重型巡洋舰，并重创另1艘。日军舰队继续前进，却在之后遭到美军舰载机的袭击，结果在超过两天的激战中，超级战舰"武藏"号（Musashi）被击沉，另有数艘军舰受创，之后日军调头撤离。

同一时间，日军的陆基飞机不断骚扰第38特遣舰队的一个分舰队（division），虽然当中大部分飞机均被击落，不过轻型航空母舰"普林斯顿"号（Princeton）被击沉，另有一艘巡洋舰受到重创；天黑之后，日军舰队再度调头前往圣贝纳迪诺海峡（San Bernardino）。在苏里高海峡海战中，刚开始时只有船舰参与其中，但随后飞机却参与了之后几个阶段的大混战。

在此期间，栗田舰队已经通过圣贝纳迪诺海峡，试图在萨马岛以北与企图经由苏里高海峡抵达此区域的西村中将的舰队会师。当哈尔西的第3舰队向北前进追击日军诱饵舰队的航空母舰时，栗田舰队又掉头南下，卷土重来。

在萨马岛海战中，栗田舰队以4艘战列舰、6艘重型巡洋舰、2艘轻型巡洋舰和11艘驱逐舰的兵力袭击第77.4.3特遣队的6艘护航航空母舰和7艘护航舰。美军飞机只装备了支援地面作战的杀伤弹，但

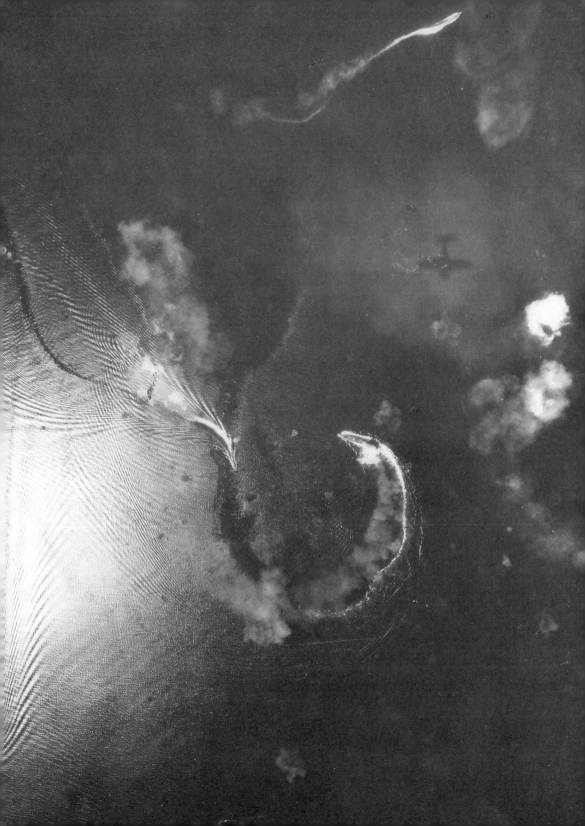

中国和缅甸

当美日双方在菲律宾的海面上鏖战时，日本陆军的关切重点则放在中国和缅甸。到了1942年6月，日本帝国航空队的第一线飞机约有1560架部署在这个区域，分属3个航空军。第1航空军以日本为基地，当中战斗机的数量最少；尽管有互不侵犯协定，但由于担心与苏联爆发战争，日本帝国航空队的第2航空军在中国东北部署550架飞机。第3航空军负责南方战区（泰国、缅甸、马来亚、苏门答腊和东印度群岛）和中国大陆，其下属的第5飞行师团掌管4个飞行团（第4、第7、第3和第12飞行团，分别驻防在缅甸、马来亚、泰国、爪哇和苏门答腊），而第21独立飞行队（Dokuritsu Hikotai）则驻防在中南半岛。1942年8月时，第3航空军的第3飞行师团返回中国，驻留在南京，自1943年3月起成为新编第5航空军的核心。

还是升空骚扰日舰，而驱逐舰则发动鱼雷攻击。

不可思议的逃脱

美国海军在萨马岛海战中奋战不懈，避免了大灾难的降临，只损失了1艘护航航空母舰和3艘护航舰，但来自其他护航航空母舰群的飞机发起攻击，而栗田（Kurita）就在猛烈的美军空袭中选择了后退。

在恩加诺角海战中，哈尔西封闭了第3舰队和正在退却且基本上完好无缺的诱饵舰队间的缺口，而在三波的空袭中，日军4艘航空母舰和另外5艘舰艇被击沉了。

在1942年中期至1943年底之间，盟军在东南亚航空部队的实力和作战能力随着更多单位和性能更佳飞机的抵达而稳定成长。1942年3月时，美军第10航空队抵达印度，当中包括第7轰炸大队的6个中队，以及第23与第51战斗机大队（Fighter Group，FG），而在1942年8月前第23战斗机大队、第51战斗机大队的第16中队和第7轰炸大队的第11轰炸中队就被重新分配给陈纳德（Claire L. Chennault）准将指挥的美国空军驻华特遣队（China Air Task Force，CATF）。

随着日军在1942年4月切断滇缅公路，中国陷入被围攻的状况，极度依赖C-47和LB-30经由飞越危险的"驼峰"（Hump）航线，将物资运抵昆明。到了1942年底，第10航空队已拥有259架飞机，在中国上空空中作战的强度也在1942年和1943年间逐步增强，而美国空军驻华特遣队也投入东南亚地区的空战中。

↓在第二次世界大战末期，美国海军和海军陆战队使用的最优异的战斗轰炸机是沃特（Vought）的F4U"海盗"式。"海盗"式是性能良好的战斗机，它能够携带炸弹、凝固汽油弹和火箭，以承担对地攻击的角色

空军重组

1943年3月，美国空军驻华特遣队成为全新的美军第14航空队，随即投入作战并获得增援。到了1944年1月时，第14航空队拥有194架战斗机、38架中型轰炸机和50架重型轰炸机。

这与缅甸上空的情况有所不同，该地的盟军航空单位主要是以英军为主力，对日本帝国航空队渐渐获得显著的优势。面对盟军更先进的战机，日军的飞机显得老旧、缺

乏燃料和其他基本物资，更因为当经验丰富且技巧纯熟的飞行员阵亡后，空勤人员素质的逐渐下降而陷入困境，所以盟军能够在缅甸上空取得明显的空中优势。在当地，英军第14集团军最终于1944年3月至6月间取得英帕尔（Imphal）和科希马（Kohima）等战役的胜利。到了此时，盟军面对日军第3航空军（3rd Kokugun）的残部已取得全面性的制空权，其实力到1944年11月底时，已降至只有159架飞机分散在缅甸、泰国、苏门答腊和爪哇（Java）等地。1945年4月时的曼德勒战役打通了盟军向仰光进军的大门，该城于1945年5月3日被攻占，实际上结束了缅甸境内的战争。

　　与此同时，日本帝国航空队在菲律宾上空的表现却比预期中的要好，在吕宋岛、巴科洛德岛（Bacolod）和内格罗斯岛（Negros）基地内，第4航空军的实力已增至约400架飞机，在美军登陆莱特岛之后，日本帝国航空队虽然尽了一切的努力，但随着美国陆军10月27日将在独鲁万（Tacloban）的飞机跑道修复完成，使得陆基飞机可以在立

←在太平洋战争中，一些英制飞机，比如图中这些曾在东南亚地区服役的超级梅林"喷火"式战斗机，大部分是由澳大利亚和新西兰飞行员驾驶

足地区的范围内作战。即使如此，1944年10月和11月时的空战仍相当激烈。

菲律宾的立足点

　　1945年1月9日，美军第6集团军在第3和第7舰队支援下登陆吕宋岛，但此时日军在菲律宾的飞机数量总计大约150架，当中有许多都消耗在"神风特攻队"的自杀式攻击中。美军空中优势在菲律宾战役中的其他岛屿作战期间也相当明显。

　　作战于2月19日展开，在经历艰辛猛烈的战斗后于3月26日结束。拿下硫磺岛的目标，是为从马里亚纳群岛起飞对日本进行轰炸的陆军第20航空军建立前进基地。削弱硫磺岛防务的作战，早在1944年8月便开始进行，以塞班岛为基地的第7航空队B-24J轰炸机定期对该岛进行攻击。在硫磺岛战役期间，驻防在日本本州（Honshu）的第3航空舰队派出下辖400架飞机当中大部分，对美军第5舰队进行自杀和传统攻击，击沉了护航航空母舰"俾斯麦海"号（Bismarck Sea）并重创"萨拉托加"号。在作

←在第二次世界大战末期，美国海军航空母舰所面临的最大威胁是"神风特攻队"飞机的直接冲撞，就像图中这艘被攻击的"邦克山"号一样。和英军的航空母舰不同，美军的航空母舰没有装甲飞行甲板

对琉球的突击

　　在美军第58特遣舰队和英军第57特遣舰队以空中攻击削弱琉球的防务后，美军于4月1日展开攻击行动，而和美军部队在琉球上空遭遇的"神风特攻队"的攻击比起来，他们在菲律宾和硫磺岛上空遭遇的简直就是"小儿科"。战斗持续到6月23日，在这段时间，盟军船舰一直遭到以中国台湾和九州为基地的"神风特攻队"袭击。在36艘被击沉船舰和368艘不同程度受损的船舰中，"神风特攻队"的战果就分别占了26艘和164艘。琉球之役可说是格外艰辛，对双方均造成重大损失，例如在盟军方面763架飞机当中有458架是在战斗中被击落，而305架是因操作意外而损失。日本海军方面为了进行这最后一战，派出超级战舰"大和"号（Yamato）至琉球进行单程任务，结果于4月7日在海面上被发现，接着被第58特遣舰队的飞机击沉。

战之前，第58特遣舰队于1945年2月16日到17日，对日本进行首次大规模舰载机空袭，F6F-5与F4U-1在第一波攻击中与约100架日军战斗机交战，并击落约40架战机，而其他美军飞机则随机攻击各种目标。第58特遣舰队共派出2761架次飞机，宣称击落341架敌机，并在地面上摧毁另外190架，而自身损失则为60架飞机被击落，28架意外坠毁。

　　当美国航空队的B-29轰炸机在8月6日和9日投掷原子弹轰炸广岛和长崎之后，盟军飞机持续在日本上空肆虐至8月15日，而裕仁（Hirohito）天皇也在当天同意日本投降。

←赢得战争之道：除了战斗人员的数量、技巧和战斗决心之外，美军部队之所以能赢得战争，还依靠美国海军的船舰，特别是航空母舰和潜艇，以及美国海军、海军陆战队和美国航空队的飞机

6

战略轰炸：
1939 至 1945 年

在第一次世界大战和第二次世界大战之间的年代，英国皇家空军的规划者们就已经深信在未来的冲突中，轰炸机将会成为赢得战争的武器。

←从1940年8月至1942年7月，英国谢菲尔德市（Sheffield）不时遭受德军轰炸，当中最猛烈的攻击发生在1940年12月12日和15日夜间在第一次世界大战间期里，英国皇家空军的计划人员已经深信在未来的冲突中，轰炸机将会成为赢得战争的武器，因此英国军方就进行大规模投资，建立了一支为数将近500架轰炸机的部队，由英军轰炸机司令部指挥。但即使是在1939年9月战争爆发前，这些轰炸机比起德国空军的同型机性能也显然较差，在某些情况下甚至已经变得十分落伍。

在这些轰炸机当中，"威灵顿"式中型轰炸机很可能是性能最好的，而"惠特利"式（Whitley）重型轰炸机几乎不能在作战表现的任何一方面达到理想状况，"汉普顿"式（Hampden）武装太薄弱而难以存活，而"战斗"式轻型轰炸机更像是把年轻人送往战场的冒牌飞机，最后，身为轰炸机队基础的"布伦海姆"式轻型轰炸机因为大量投入军事作战而逐渐不堪重负，其表现已经到达临界点。此时英军轰炸机司令部的机队中，没有哪一款轰炸机拥有自封油箱（self-sealing tanks），因此它们在面对敌火时非常容易受到伤害，并且都只能依赖原始的投弹瞄准器进行日间作战，而所有的导航手段都是使用地图、码表和罗盘，通过航位推测法进行。

就准则上而言，英军轰炸机司令部和德国空军的轰炸机部队截然不同，因为德军发展轰炸机是用来进行中短程任务以支援前进中的陆军部队，前线后方的交通设施、燃料和弹药堆栈是关键性目标。而英军轰炸机司令部主要是训练轰炸机队攻击深入敌方领土境内的战略性目标，而实际情况马上证明其装备恶劣，无法进行此类任务。

刚开始时，英军轰炸机司令部被限制只能攻击航运类目标。"威灵顿"式和"布伦海姆"式于1939年9月4日进行首次空袭，在前往轰炸布龙斯比特尔（Brunsbüttel）的14架"威灵顿"式轰炸机中，有2架被击落，而袭击许黎希航道（Schillig Roads）的"布伦海姆"式运气较佳。英军轰炸机司令部就这样竭尽全力地进行对敌军的首次攻击。而当在挪威、低地国和法国支援英军部队的作战展开时，反航运作战持续进行至1940年，这些作战的结果令人失望。此外24架"威灵顿"式在1939年12月14日空袭许黎希航道，结果被德军一口气击落10架，这一事件导致英国皇家空军将轰炸作战由白昼攻击转为夜间轰炸。这些轰炸机输给性能良好的Bf-109E和Bf-110战斗机，与此时正在黑暗中战斗的英军轰炸机司令部在装备恶劣的导航员首先发现目标的前提下却无法准确轰炸的事实，几乎是同样大的打击。

报复

英军轰炸机司令部因此没有什么真正的机会可以攻击战略性目标，但这一状况在1940年5月15日到16日改变了。德国空军在5月14日对鹿特丹的毁灭性空袭，导致英军派出99架飞机对鲁尔地区的炼油和炼钢设施进行报复性攻击。"汉普顿"式、"威灵顿"式和"惠特利"式主要是空袭杜伊斯堡（Duisburg）一带的目标，为一系列针对类似目标、之后还有交通设施和飞机制造厂的攻击创下先例。此次作战也象征大规模战略轰炸战役的展开，而且此后将毫不松懈地持续进行下去，直到欧战胜利日（VE-Day）为止。这也正好证明了要将

第一批"大家伙"

　　英国皇家空军急需新型飞机，而第一款真正的重型轰炸机"斯特林"式于1940年8月开始服役，这架庞大飞机的动力来源是4台布里斯托"大力神"型发动机，之后4发动机的"哈利法克斯"式也在该年底服役，而"曼彻斯特"式双发动机轰炸机则在12月开始进行军用测试。这3款轰炸机全都在1941年投入作战，它们更有能力执行深入德国的远程空袭，但是轰炸目标时仍不准确。

炸弹投掷在鲁尔地区并造成任何显著影响，有多么困难。

　　英军轰炸机司令部在不列颠之役中发挥了重要作用。尽管对炼油和飞机生产设施的持续攻击相当重要，但英军轰炸机司令部攻击集结在法国和比利时港口中的敌军入侵舰队，却是使希特勒决定暂缓入侵英国的关键因素。更重要的是，由于好运，英军于1940年8月25日到26日首度夜间空袭柏林，结果激怒了希特勒，他因此命令麾下轰炸机对伦敦进行报复攻击。英国战斗机司令部已接近崩溃，然而德军轰炸伦敦的决定有效解除了英军的压力，扭转了战役的走向——德军入侵英国的机会就这么消逝了。

　　由于当时轰炸机技术不佳——英国皇家空军并未投资发展德国空军拥有的那种无线电定向辅助系统，因此根本不可能将足够的炸弹，投掷在像工厂那样的单一目标上，以将其彻底炸毁。英军在1940年9月23日到24日对柏林的大规模空袭没有达成多少战果，这已经让英军轰炸机司令部的领导阶层相当失望，更别提英国政府在德国空军对考文垂进行毁灭性攻击之后感到的愤怒了。无疑，对包含军事设施或具备战略重要性的区域目标实施攻击，是一条必须走下去的路，因而无法顾及平民损失。在德军对考文垂发动袭击后，这一战术更加受到政治人物的欢迎，因此将德国城市"考文垂化"的命令便出现了。

英军轰炸机司令部的首次区域攻击，于1940年12月16日到17日对曼海姆（Mannheim）进行，但执行得相当拙劣，只是对当地房屋造成了实质损害。

英军轰炸机司令部司令、空军中将理查德·皮尔斯爵士（Sir Richard Perise）认为：资源应该集中用来对付第三帝国。英国进入1941年时的局势排除了此种野心，因为海军部呼吁持续对航运目标和潜艇船坞进行攻击，以缓和英军在大西洋苦战的压力，而战斗机司令部也需要轰炸机在德军占领下的法国进行精心策划的攻势作战中扮演诱饵角色。

"斯特林"式（Stirling，2月10日到11日）、"曼彻斯

↓阿芙罗的"曼彻斯特"式在服役后期采用了双垂直尾翼布局。因"秃鹰"式发动机可靠性甚差，"曼彻斯特"式无法发挥太大作用，否则应是一款优秀轰炸机

特"式（Manchester，2月24日到25日）和"哈利法克斯"式（Halifax，3月10日到11日）都针对海军目标进行了首次出击，而真正把战争带给德国人的唯一一款轰炸机，是在"马戏团"作战行动空袭期间的"布伦海姆"式。

4月27日，英军轰炸机司令部再度展开对德国目标的日间空袭，"斯特林"式在恶劣天气中攻击埃姆登（Emden）。新式的"空中堡垒"轰炸机，一款具备性能表现和先进的投弹瞄

←——虽然英国皇家空军引入"斯特林"式重型轰炸机使得轰炸任务可以切实执行，但"斯特林"式却有升限不足的问题，且其细长如茎的起落架也容易断裂

德国空军的夜间战斗机部队

从1941年秋季开始，战略轰炸战役开始在夜间进行，使英国皇家空军懊恼的是，德国空军从一开始就意识到英军轰炸机司令部带来的夜间威胁。德军从单纯依靠高射炮和探照灯对抗夜间轰炸机，到1939年底以Bf-109D组成一支夜间战斗机部队。1940年春季，德军在丹麦上空开始以Bf-110C-1进行试验性质的夜间截击作战，而随着盟军愈来愈常攻击鲁尔，德军于6月时正式组织了一支夜间战斗部队。德军的机载雷达相当原始，但夜间战斗机联队（Nachtjagdgeschwader）却能够依赖绝佳的早期预警雷达系统和日益专业化的战术应战，Bf-110、Ju-88C-2和Do-17Z-10等夜间战斗机随即开始让英军的夜间作战变得更困难。除了密集的高射炮火网外，夜间战斗机的肆虐让英军轰炸机部队处境更为危险，且从9月起疲惫的轰炸机机组人员还发现，远程的Ju-88C-2和D17Z-10在他们的基地上空徘徊，以便趁他们返航时进行攻击。对英国皇家空军来说幸运的是，德国空军指挥高层内并非人人都了解这些作战的价值，因此便有人开始反对。希特勒最后于1941年10月10日下令终止这些作战。英军轰炸机司令部在政治上也受到打击，即便有了新飞机，作战的准确度依然很低；耗费了大量资源、精力和人员性命，成就却微不足道。在1941年7月至12月间，英军轰炸机司令部的记录显示605架飞机未能返回基地，此外还有222架飞机在作战中被摧毁。英军无法承受这样的损失，而英国军方内部也因此出现解散英军轰炸机司令部的呼声。

准器的重要武器，也在非常高的高度进行此类空袭。英国皇家空军认为此款轰炸机用起来非常不顺手，而它在英军手中也没有取得多少战果。

　　日间作战继续进行至1941年8月，当中包括7月24日对位于布列斯特的"沙恩霍斯特"号、"格耐森瑙"号和"欧根亲王"号，以及8月12日对科隆的大规模攻击。由于德国空军倾全力投入东线战场，因此可以合理地预计，这些空袭只会受到战斗机轻微的抵抗。但敌军战斗机和高射炮火造成的损失相当惨重，即使对布列斯特的攻击有"喷火"式II型护航也一样。更令人担忧的是，投入作战的"哈利法克斯"式轰炸机，看起来就像"威灵顿"式一样脆弱，英国皇家空军因此再度相信，需要集中资源进行夜间作战。

←←即使是最仔细地调校阿姆斯特朗·威特渥斯的"惠特利"式轰炸机的轰炸瞄准器，还是无法改善轰炸准确度。只有新战术和新科技才是改善英国皇家空军轰炸效率的唯一手段

英军轰炸机司令部的重生

　　对英军轰炸机司令部来说，1942年的发展不但对其本身、

阿姆斯特朗·威特渥斯"惠特利"式V型

类　　型：重型轰炸机	枪，机尾枪塔装有4挺7.7毫米
动力来源：2台853千瓦劳斯莱斯梅林X型 　　　　　V12活塞发动机	口径机枪；内载弹量最高可达 　　　　　3175千克
最高速度：370千米/时	尺　　寸：翼展　　　25.6米
作战高度：7925米	长度　　　21.1米
重　　量：空机重为8777千克；最大起飞重 　　　　　量为15196千克	高度　　　4.57米 机翼面积　106平方米
武　　装：机鼻枪塔装有1挺7.7毫米口径机	

最终也对盟军的战争努力，具有高度重要性，而最关键的，是要解决准确度的问题。英军已经发展出一套型号为Gee I型的无线电定向辅助系统，在超过563千米的范围可达到大约3.2千米的导航准确度，虽然可能相对较快地被德军侦测并加以干扰，但还是为英国皇家空军打开了希望之窗。

2月12日，"沙恩霍斯特"号、"格耐森瑙"号与"欧根亲王"号从布列斯特起航，穿过英吉利海峡，一路上回避了所有拦阻它们的企图，但至少它们不再成为英军轰炸机司令部的例行目标。它们的逃脱与英军轰炸机司令部指挥阶层的改组同时发生，空军中将阿瑟·哈里斯（Arthur Harris）在2月底成为英军轰炸机司令部司令，他是一位老练的战术专家，也是一位不择手段追求目标的领导者。他就如同前任司令一般，被赋予

← 英国皇家空军经常使用比美军和德军轰炸机所使用的炸弹重上许多的武器。图中，这枚重达1814千克的"曲奇饼干"（Cookie）是典型的英国皇家空军用炸弹，正等着被挂进一架"威灵顿"式轰炸机

对付相同战略目标的任务，使用同样有效的面积轰炸战术，但哈里斯下定决心为了确保成功对付战略目标，在必要的时候他会摧毁第三帝国的每一栋建筑。在哈里斯的领导下，英军轰炸机司令部成为一支真正有效的战斗部队。

↑英军轰炸机司令部司令阿瑟·哈里斯将军（立者中）正在研究地图和侦察照片，策划英国皇家空军的战略轰炸作战

新轰炸机登场

　　最后，英军轰炸机司令部终于接收了迫切需要的装备。"威灵顿"式轰炸机仍然在第一线服役，而"斯特林"式在飞行高度方面有缺陷，"哈利法克斯"式I型与IA型的表现只能

奥格斯堡空袭

"兰开斯特"式（Lancaster）轰炸机最早的空袭依然是该型机最值得注意的一次行动。空军上校内特尔顿（Nettleton）领导第44和第97中队在1942年4月17日白天，以大胆的低空飞行袭击奥格斯堡（Augsburg）的MAN柴油发动机工厂。由于牵制攻击失误，造成英军损失惨重却几乎一无所获，但这场空袭证明了"兰开斯特"式轰炸机的优异性能和英军轰炸机司令部精确打击目标的能力，也让内特尔顿得到了一枚维多利亚十字勋章。在轰炸作战的宏大方案中，奥格斯堡只不过是小试牛刀，因为哈里斯已经把眼光放在更远大的军事和宣传行动上，他想要出动1000架轰炸机对单一目标进行攻击。

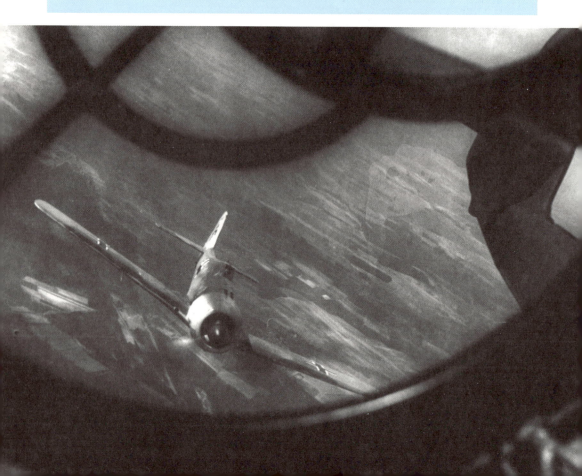

说是勉强合格，"曼彻斯特"式则根本是一团糟，大部分都要归咎于其复杂且不可靠的劳斯莱斯（Rolls-Royce）"秃鹫"式（Vulture）发动机。

然而从"曼彻斯特"式开始，一款到目前为止最优异的轰炸机即将出现。这型的轰炸机已经在"飓风"式和"喷火"式上经过验证，可以延长飞机的翼展以安装劳斯莱斯的梅林发动机，彻头彻尾地改造了"曼彻斯特"式——将"曼彻斯特"式从堪堪够用，转而变成拥有毁灭性效率的重型轰炸机。在1942年初，首批全新的阿芙罗"兰开斯特"式轰炸机正进行试飞工作，准备在春季时开始服役。

夜间战斗机已经开始在德国上空给英军造成显著的损失，但借由使用Gee系统，英军轰炸机司令部能够以集中队形派遣轰炸机渗透敌军空防，并在尽可能短的时间内将它们引导至目标上空。这样的攻击首次于1942年3月3日到4日进行，目标是巴黎—比扬古（Billancourt）的雷诺（Renault）工厂，虽然这

↓ "保养费"
（Up-keep）
是第617中队的
"兰开斯特"式
在空袭水坝时所
使用的"弹跳炸
弹"（bouncing-
bomb）的代号。
若要挂载这种炸
弹，需要对轰炸机
的炸弹舱进行特殊
改装，就像图中所
示的一样

次空袭的执行过程比前几次要好上许多，但这座工厂随即恢复
运作。

　　在一次对埃森（Essen）的类似攻击中，英军动用装载Gee
设备的轰炸机投掷照明弹和燃烧弹作为目标识别器，此举是模
仿德国空军在英国上空使用的战术，但结果证明Gee的准确度
不如预期。然而Gee设备仍是重要的系统，不过最好是用在应
付海岸目标方面，因此基尔港在3月12日到13日的空袭中，多
少受了点创伤。

"水坝克星"空袭

当英军轰炸机司令部的优先重点依然是主力部队行动时，他们也进行了一些针对关键目标的单一精准空袭行动。"惩戒行动"（Operation Chastise）就是一次这样的大胆作战，计划是炸毁为鲁尔工业区进行水力发电的艾得尔（Eder）、索尔波（Sorpe）和莫那（Möhne）水坝。英军认为切断电力可以严重影响鲁尔工业区的生产能量，因此便为这次攻击投入极高心力，发展被称为"保养费"的"弹跳炸弹"。第617中队是为了进行惩戒行动而编成，19架"兰开斯特"式于1943年5月16日到17日夜间升空。"保养费"已经有准确的作战参数，该中队在炸毁艾得尔和莫那水坝时一共损失了8架"兰开斯特"，而领导这次行动的盖伊·吉布森（Guy Gibson）中校也获颁了维多利亚十字勋章。虽然这次攻击行动造成洪水泛滥，但对水电输出的影响却微乎其微，德国人也迅速修复损害。就战略的角度而言，"惩戒行动"几乎没有达成多少成就，但在宣传方面却是一次重大成功：对英国人民而言，英军轰炸机司令部几乎无往不利，就算是最困难的目标也能彻底摧毁。

轻松的目标

吕贝克市（Lübeck）在Gee系统的有效范围以外，但尽管如此，哈里斯还是将挑选吕贝克市作为展现英军轰炸机司令部崭新能力和意志的理想目标。吕贝克港口的薄弱防御和大多为木造的建筑使它成为相对容易的目标。大约有191架飞机参与空袭，投下的大部分是燃烧弹，对该市超过121公顷的面积造成了大范围破坏，并同时向德国领导阶层和人民证明，英军轰炸机司令部正采取一项全新的残酷战略。

英军随后就对其他城市进行类似的空袭，导致希特勒下令对英国具有历史重要性的城市进行报复性空袭。以"贝德克（Baedeker）旅游指南"命名，所谓的"贝德克"空袭打击了几座历史悠久的城市，对包括埃克塞特（Exeter）、巴斯（Bath）、诺里奇（Norwich）和坎特伯雷（Canterbury）在内的城市造成分布广泛的破坏。

5月30日到31日，708架"汉普顿"式、"威灵顿"式和"惠特利"式，加上388架"哈利法克斯"式、"兰开斯特"式、"曼彻斯特"式与"斯特林"式轰炸机空袭科隆。这些飞机中有许多由教官和受训机员驾驶，但他们很好地利用了Gee系统以达到准确且集中的轰炸。具有重要意义的是，4架性能优异的崭新"蚊"式B IV型轻型轰炸机于次日稍早时飞越该市上空，以确认大规模火灾和巨大的破坏状况。事实上，该市有广达243公顷的面积遭到摧毁，250座工厂遭到重创，共有486人死亡，5.91万人无家可归。英军轰炸机司令部可以承受这样的损失，所以就在6月1日到2日对埃森进行类似的空袭，但克虏伯（Krupp）的厂房却逃过一劫，不来梅（Bremen）也在6月

↓吉布森领导"惩戒行动"时年仅25岁。图为他在空袭后留影，拿笔指着莫那水坝的空中侦察照片

汉德利·佩奇"哈利法克斯"式轰炸机

类　　型：重型轰炸机

动力来源：4具1205千瓦布里斯托"大力
　　　　　神"型XVI活塞发动机

最高速度：454千米 / 时

作战高度：7315米

重　　量：最大起飞重量为24675千克

武　　装：机背和机尾枪塔分别装有4挺7.7

毫米口径勃朗宁机枪，机鼻装
有1挺7.7毫米口径维克斯K机
枪；载弹量5897千克

尺　寸：翼展　　　31.75米

　　　　长度　　　21.82米

　　　　高度　　　6.32米

　　　　机翼面积　110.6平方米

25日到26日遭到空袭，不过夜间战斗机却在这场空袭中取得可观战果。虽然之后英军就再也没有进行千机大空袭，但英军轰炸机司令部的能力，却再一次以极佳的成效获得证明。

　　尽管野心不再，但破坏性的空袭还是继续进行，不过德军此时已经开始干扰Gee系统，因此英军更加注重在有月光的夜间进行准确的推测导航。被夜间战斗机击落的数量因而开始上升，但准确度仍有待改善，因此英军便成立了一支"探路机"部队（Pathfinder Force，PFF）。在唐·班奈特（Don Bennett）上校的领导下，探路机部队由经验丰富的"斯特林"式和"兰开斯特"式机组人员组成，他们的任务是为紧跟其后的轰炸机主力部队定位并标示出目标。刚开始时他们依赖Gee I型，"探路机"部队的成效可说是微不足道，不过当新科技迅速引进后，再加上机组人员的杰出表现，"探路机"部队的价值获得了证明。

在其他地方，德军有愈来愈多的资源消耗在北非和斯大林格勒周边地区的苦战中，而美军也在此时开始加入欧战，就此埋下了未来美军与威力强大的美军第8航空队联合进行轰炸攻势的种子。

1943年1月间，盟国的政军领导层在卡萨布兰卡（Casablanca）集会，以详细规划接下来的战争指导方式。在许多得出的结论当中，有一道在1月21日共同颁布给英军轰炸机司令部和第8空军指挥部的卡萨布兰卡训令指出："你们的主要目标将会是逐步造成德国军事、工业和经济体系的混乱，并侵蚀德国人民的士气，直到他们进行武装抵抗的能量遭到致命削弱为止。"同时也列出了一份目标清单，当中的目标按照优先顺序为：潜艇工厂、飞机制造厂、交通设施、石油工业设施和"有关敌军战争工业的其他目标"。对哈里斯而言，这份指令的颁布等于是

共和公司P-47C "雷电" 式

类　　型：	战斗轰炸机	武　　装：	8挺12.7毫米M2勃朗宁机枪；
动力来源：	1台1715千瓦普惠公司R-2800-59		载弹量可达907千克；10枚127
	增压活塞发动机		毫米火箭
最高速度：	696千米/时	尺　　寸：翼展	12.43米
作战高度：	12800米	长度	11.03米
重　　量：	空机重为4490千克；最大起飞	高度	4.44米
	重量为6769千克	机翼面积	27.87平方米

"魔术师行动"

"魔术师行动"（Operation Juggler）的计划内容是由第8航空队在1943年10月14日，对雷根斯堡（Regensburg）的梅塞施密特工厂和施韦因福特（Schweinfurt）的滚珠轴承工厂进行协同攻击。轰炸机部队将同时飞往这两个目标，进而使得防卫的战斗机应接不暇，但英格兰上空的恶劣天气导致盟军错过了至关重要的时间安排，结果空袭雷根斯堡的机群确认了大批德国空军战机已经升空，准备迎击空袭施韦因福特的机群。最后空袭雷根斯堡的机群损失了24架B-17，而空袭施韦因福特的机群则损失了36架。这些损失相当庞大，但美军方面认为有必要再对施韦因福特进行一次空袭，结果美军在10月21日又损失了另外60架B-17。随后几次对德国的空袭也同样损失惨重，因此盟军方面不再考虑进行无护航的日间空袭。

给他继续进行早已展开的战役的执照；对第8航空队指挥部来说，第8航空队自1942年8月起，已经投入欧洲战场作战，这代表着一个新时代的开始。

美国航空队开始空袭

美国航空队的轰炸机首先于1942年2月抵达英国，但一直要到8月17日才进行它们的首次空袭任务，目标是侯恩-索特维勒（Roen-Sotteville）。美国航空队B-17和B-24的任务是打击法国北部的目标，在马戏团空袭中作战并攻击潜艇基地。美军的战术是在日间进攻，编成紧密的队伍飞行，使轰炸机可以运用强大的自卫火力相互支援。这种战术在某种程度上生效了，直到德军第2战斗机联队第3大队于1942年底开始采用对头攻击为止。

此刻轰炸机的弱点已经暴露了，而当深入德国境内的空袭行动展开时，轰炸机的机组人员就会蒙受惨重伤亡。但尽管如此，对德国的第一次空袭任务依然在1943年1月27日进行，在缺乏战斗机护航的情况下，仍获得相对成功。德国空军的Fw-190A-4和Bf-109G-1战斗得异常辛苦，但轰炸机的损失十分轻微，还击落了几架战斗机。虽然轰炸行动并没有完全依照计划进行，高射炮火带来了一点小麻烦，但未来看起来一片光明。

日间轰炸持续进行，而当德国空军战斗机的抵抗能力增强后，轰炸机部队的损失就缓慢上升，德国的战斗机日夜不断地守护着第三帝国。英军轰炸机司令部的作战能力于1943年2月提升至新水准，在50个中队中，大约有35个装备了最新的"兰开斯特"B I型、"哈里法克斯"B II型或是"斯特林"B III型等重型轰炸机。

←波音B-17"空中堡垒"在不牺牲航程的状况下，只能维持相对有限的载弹量。从这张照片可以清楚看到B-17G加装了机鼻下方的机枪塔，以对抗德国空军的迎面攻击

技术发展

　　除了性能更优秀的武器和已经发展成熟的目标识别系统之外，比较不受干扰的Gee II型系统也在此时引入。格外重要的是，探路机部队装备了两款全新设备。自1942年12月起，"蚊"式机开始操作"双簧管"（Oboe）无线电定位系统，而H2S雷达则可以提供地面上的雷达成像，以协助导航和目标搜寻。这两种系统都并不完美，"双簧管"系统的有效范围就只能涵盖鲁尔区域的目标，而H2S雷达提供的画面则令人难以看懂，只有对付海岸目标时最有用，但这两套设备都代表着制导能力的飞跃。

　　英国空军在拥有这些装备后，哈里斯针对鲁尔工业区展开一系列新攻击，被称为"鲁尔之役"（Battle of the Ruhr）。其中第一次空袭，是以埃森的克虏伯工厂为目标，由442架飞机和执行目标识别任务的探路机部队轰炸机进行。盟军总计被战斗机和高射炮火击落了14架，但这次的轰炸效果却比以前对付同一困难目标来得更有效。鲁尔之役持续进行到6月，总共包括26次大规模空袭，英军轰炸机司令部在当中付出了损失628架轰炸机的代价，虽然轰炸准确度急剧提高了，但却必须采取措施以对抗夜间战斗机和雷达制导系统的威胁。

　　另一场在军事上更具重要性的空袭于6月28日到29日进行，装备"双簧管"系统的"蚊"式机在云的底端使用附降落伞的照明弹标示出科隆，接着由540架全部配备Gee II型系统的轰炸机编成的主力部队在这些照明弹上方投弹轰炸，首次验证了大规模盲目轰炸的效果。虽然轰炸行动的结果极具毁灭性，但对战斗机造成的损失依然十分骇人，而当英国皇家空军寻求与夜间战斗机作战的方法时，美国航空队则力求借由在白天执

← ← 大约316架"兰开斯特"式和4架"蚊"式于1943年9月3日到4日夜间空袭柏林，结果有22架"兰开斯特"式被击落，而柏林市内共有422人死亡，170人失踪

↑在1944年10月14日对杜伊斯堡的空袭中，图中这架兰开斯特轰炸机正投下一捆又一捆的"窗户"，该机也配备ABC系统（注意机身上的天线），以干扰敌军的无线电信号

行任务以保护轰炸机。以英国为基地的"喷火"式战斗机只能在轰炸机出发或返回时进行护航，而即使是装备新式的可抛弃式油箱的P-47，航程也不足以伴随轰炸机飞至目标上空并返航。其间，德国空军开始将大量战斗机从东线调回，以提升帝国本土的防御能力。

"闪电周"与"蛾摩拉城"

面对敌军战斗机的激烈防卫和欧洲大陆的天气，美国航空队竭力持续精准轰炸作战，B-17和B-24装备了公认准确度相当高的诺登（Norden）轰炸瞄准器，然而在穿过欧洲典型的乌云进行轰炸时，投弹手们奋力瞄准的战果还是比在美军训练场无云的天空中可能获得的差了一点。

　　德国空军战斗机造成的破坏愈来愈成为关切的话题，而伊拉·埃克（Ira Eaker）少将则对航空工厂进行轰炸攻击是扫除敌军空中威胁的唯一手段，因此盟军于7月24日开始集中兵力进行空袭，被称为"闪电周"（Blitz Week）。盟军除了空袭战斗机生产设施以外，其强度也将消耗敌方的机组人员和飞机。事实上，作战的结果对双方来说是两败俱伤，第8航空队无法承受战斗损失的比率，特别是因为下辖单位被调派至地中海战区以支援即将展开入侵西西里的作战以及意大利战役的任务，所以"闪电周"并不成功。

　　英国皇家空军压制夜间战斗机威胁的方案，显然运气较佳。战斗机成功的诀窍在于，它们接受地面控制人员的紧密控制，此举依赖3座雷达控制每一架战斗机，当中一座雷达持续扫描目标，第二座雷达负责锁定并追踪个别的轰炸机，而第三座雷达则要追踪夜间战斗机，并让地面控制人员可以引导战斗机至轰炸机所在的位置，到了预定位置后再由战斗机的机载雷达接手，以完成拦截。

↓ 有了B-29之后，美国航空队就可以把战争直接带到日本本土。这款轰炸机造成了骇人的破坏，特别是在投掷燃烧弹的时候

英国科学家了解到，将截至准确长度的金属细条以整捆的方式大规模投掷，可以将雷达波直接反射回地面雷达，使其充斥大量回波，进而隐匿轰炸机编队。"蛾摩拉行动"（Operation Gomorrah）是第一次运用此所谓"窗户"（Window）装备的作战，盟军在这场作战中对汉堡进行了一系列空袭。第一波袭击于1943年7月24日到25日进行，而结果证明这方法极为有效，不只夜间战斗机看不到目标，连由雷达指挥的探照灯和高射炮营都失去指挥。

盟军轰炸机群于7月27日到28日夜间卷土重来，对这座陷入熊熊大火的城市造成更深层的破坏，结果就导致了火风暴现象，引发了狂风和超过1000摄氏度的高温；但盟军再接再厉，

↓在一场盟军对科隆的空袭过后，德国的消防队人员在瓦砾堆中和烈火搏斗着。除了正规消防人员和防空部队人员之外，当局为了应付空袭还利用监狱服刑人员，他们的刑罚就是要负责处理未爆弹

轰炸机于7月30日到31日和8月2日到3日再度轰炸汉堡。德国总计至少有4.18万人丧命，德国宣传部长约瑟夫·戈培尔（Josef Göbbels）将汉堡的毁灭形容为"一场悲剧性的灾难，程度根本完全超乎想象"。

为了回应盟军，帝国本土的防御进一步增强，而德军也迅速发展出对抗"窗户"的手段。在此期间，德军改进了无制导的夜间战斗机战术，但在其他战场上，德军局势每况愈下，盟军入侵了西西里，德军在苏联也节节失利。

在1943年11月初时，哈里斯向丘吉尔宣布，英美飞机以柏林为首要目标联合作战，希特勒在猛烈的轰炸战役下必败无疑。

"柏林之役"（Battle of Berlin）的第一场空袭于11月18日到19日的夜间进行，接下来就是整个冬季期间一系列轰炸机主

北美P-51B"野马"式

类　　型：单座战斗机	武　　装：4挺12.7毫米机枪；载弹量可达
动力来源：1台1029千瓦佩卡德V-1650-3	907千克
（劳斯莱斯梅林68）活塞发动机	尺　　寸：翼展　　　　11.3米
最高速度：692千米/时	长度　　　　9.82米
作战高度：12649米	高度　　　　4.16米
重　　量：空机重为3102千克；最大起飞重	机翼面积　　21.64平方米
量为5085千克	

图中这架飞机是P-51B，其驾驶舱舱盖属于早期型。很少又飞机能够像P-51那样，逆转盟军对德国的战略轰炸作战——从根本上改变一场战役

力部队的空袭。最后一场则于1944年3月24日到25日进行，英军轰炸机司令部的"蚊"式机执行的骚扰性任务，更加深了这些攻击的恐怖程度。结果盟军一共损失了492架飞机，而战争仍然继续进行，柏林并没有因此土崩瓦解。英军轰炸机司令部也在其他空袭行动中遭遇同样惨重的损失，袭击的重点也已经开始转向运输设施和其他目标，以准备进行登陆法国的作战。

从南方进攻

即使当第8航空队在承受10月间的失败后重整旗鼓，以意大利南部为基地的第15航空队正准备展开对奥地利境内、法

↓尽管V-1飞行炸弹在军事方面没什么重要性，战争中多用于对付平民，原因是它的噪声、爆炸威力和不加区别且无法预测的瞄准目标模式

石油之战

　　1943年6月，美军首度从北非派出B-24"解放者"式对轴心国石油工业设施进行了一次成效并不显著的空袭，他们的目标是罗马尼亚境内普洛耶什蒂（Ploesti）庞大的石油精炼设施。B-24在8月1日又再度对同一目标进行攻击，参与这次攻击行动的有第15和第8航空队的单位，他们全都由利比亚起飞，采取低空飞行方式进行空袭，但结果再一次令盟军方面感到失望。盟军对工业和军事目标的大规模攻击持续到1944年初，而新一轮对石油设施的攻击也在4月5日重新展开。普洛耶什蒂再度沦为盟军目标，由第15航空队执行攻击任务。盟军这时集中力量打击德国境内的石油生产设施，成果是使燃油产量从5月时的19.5万吨降至9月时的仅7000吨。此刻德国空军真正开始尝到苦果，只有最至关紧要的单位，也就是那些在法国境内和防卫帝国本土的单位才能执行飞行任务，但甚至连他们也都缩减了作战行动；雪上加霜的是，盟军轰炸作战到此时为止的几场最激烈战斗，已经使德国空军战斗机部队丧失大部分经验最老道的飞行员。英国皇家空军开始能够恢复对法国的日间轰炸，而对德国境内目标的作战也毫不减弱地持续着，尽管德国空军数量有限，但依然会升空对抗轰炸机，只是飞行员缺乏技巧，导致战斗损失的比率上升。盟军已经确保了空中优势，轰炸机群这时几乎能够随心所欲地攻击。

国与德国南部目标的攻击，其任务还包括支援穿越意大利推进的盟军部队。第15航空队于1943年11月2日，以对维也纳新城（Weiner Neustadt）的空袭展开这些作战，但由于他们在执行任务时没有战斗机护航，因此损失相应也高。

　　也许这些从南边发动的空袭最重要的结果，是德国空军必须将资源进一步分散，以对抗这些威胁。

"野马"登场

1943年12月5日，P-51B "野马" 式开始"牛仔任务"（Rodeo Mission）。以梅林发动机为动力的"野马"式终于抵达，其长航程和优异战斗能力彻底改变了美军的轰炸作战，但这是埃克少将本人亲自介入，防止这些宝贵的战斗机被派往海外和侦察单位的结果。

在P-47和P-38的支援下，第8航空队在1944年1月11日再次开始深入穿透以打击德国境内目标，而2月25日是转折点，"野马"式在当天首度执行护航任务。虽然轰炸机的损失仍持续着，但此时护航机可以一路和防卫的战斗机缠斗，直抵目标并返航。

↓ 图为1943年4月间，图中这架美国航空队名为"射手路克"（Shoot Luke）的B-24D "解放者"式正在诺福克（Norfolk）的哈得威克（Hardwick）装载炸弹，准备执行第28次任务

"Big Week"

"野马"式的首秀便是"Big Week"，
这是第8、第15航空队以及英军轰炸机司令
部针对德国的飞机工业和法国的V-1发射台
所进行的协同战役。盟军在这场战役中执行
了许多大规模任务，第一次是在2月19日到
20日，最后一次则是在25日。盟军轰炸机的
损失相当严重，但在可承受的范围内，而德
军战斗机的损失数字则更为显著。德军方面
认为，必须想办法对付新式护航战斗机，而
他们也首度关切对战斗机生产作业可能会产
生的相当不利的影响。随着空袭在4月间持
续进行，美军战斗机飞行员变得愈来愈具攻
击性，德军资深飞行员的损失也开始成为一
道愈来愈严重的伤口。

英国皇家空军在3月30日到31日，于纽伦堡（Nuremberg）
上空遭受到那时为止最为惨重的损失，但此时战役的走向已经
有利于盟军这一边。为了准备反攻，盟军高层开始下达"粉
碎"欧洲的命令，多少分散了打击第三帝国轰炸机的兵力，但
一个新目标随即吸引了盟军的注意力：石油设施。

↑伊诺拉·盖伊
号（Enolay Gay）
由保罗·蒂贝兹
（Paul Tibbets）
上校驾驶。这架
美国航空队波音
B-29"超级堡垒"
式4发动机轰炸机
于1945年8月6日
从马里亚纳群岛起
飞，在日本广岛上
空投下世界上第一
枚原子弹

太平洋的战略轰炸

一般而言，太平洋的空战属于战术性的海军作战，但在战
争快要结束的时候，战略轰炸机及时出现在战场上，协助盟军
让日本屈服。

一旦能够在马里亚纳群岛上建筑合适的机场，美国航空

队就开始把B-29"超级空中堡垒"（Superfortress）轰炸机调来。B-29是一款崭新的战机，拥有极大的载弹量，加压的座舱让空勤人员可以在高空作战，并可以在高速下飞越远距离发起攻击。尽管日军不惜一切地发展出许多方法抵挡B-29，但到最后盟军通常每次超过300架飞机进行的持续空袭，对日本守军来说威力过于强大而无法抵挡。

B-29轰炸机的第一次攻击于1944年11月24日进行，结果并不成功，但美国航空队大量使用了燃烧弹，在房舍大部分为木造的日本城市中引发风暴性大火，随即让空袭行动充满毁灭性。

东京、名古屋、大阪和神户都遭到严重破坏，但由于日军继续作战的意志不变，盟军因此决定动用终极武器。衡量了用燃烧弹将日本城市轰炸到从地表上消失，以及于1946年入侵日本本土的计划估计可能会付出100万盟军性命这两个选项后，盟国领袖批准对广岛和长崎使用原子弹。

1945年8月6日，"伊诺拉·盖伊"号（EnolaGay）投下"小男孩"（Little Boy）原子弹，摧毁了广岛市广达12.7平方千米的面积，一时间炸死7万人。第二架B-29"伯克之车"号（Bock's Car）则在3天后对长崎投下"大胖子"（Fat Man）原子弹，结果日本在8月15日投降。

战略轰炸结束了太平洋战区的战争，同时它对于结束欧洲的战争的贡献同样不可估量。

↓图为1945年8月9日，一朵蘑菇云在长崎上空升起。日本再也无法继续战斗，但使用原子弹却让世界进入崭新的冷战时代

图书在版编目（CIP）数据

空战的历史：从第一次世界大战到第二次世界大战 /（英）克里斯托弗·钱特，（英）史蒂夫·戴维斯，（英）保罗·伊登著；于仓和译 . —上海：上海三联书店，2022.9 重印（视觉历史）

ISBN 978-7-5426-7328-2

Ⅰ.①空… Ⅱ.①克… ②史… ③保… ④于… Ⅲ.①空战—战争史—世界—1914—1945 Ⅳ.① E19

中国版本图书馆 CIP 数据核字（2021）第 019135 号

Air Warfare

Copyright © 2008 Amber Books Ltd. London
Copyright of the Chinese translation © 2020 by Portico Inc.
Published by Shanghai Joint Publishing Company.
ALL RIGHTS RESERVED
版权合同登记号　图字：09-2020-523 号

空战的历史

从第一次世界大战到第二次世界大战

著　　者 /［英］克里斯托弗·钱特　史蒂夫·戴维斯　保罗·伊登
译　　者 / 于仓和
审　　校 / 徐玉辉

责任编辑 / 李　英
装帧设计 / 西风文化
监　　制 / 姚　军
责任校对 / 张大伟　王凌霄

出版发行 / 上海三联书店
　　　　　（200030）中国上海市漕溪北路 331 号 A 座 6 楼
邮购电话 / 021-22895540
印　　刷 / 固安兰星球彩色印刷有限公司

版　　次 / 2021 年 4 月第 1 版
印　　次 / 2022 年 9 月第 2 次印刷
开　　本 / 710×1000　1/16
字　　数 / 255 千字
印　　张 / 36
书　　号 / ISBN 978-7-5426-7328-2/E·15
定　　价 / 168.00 元（含别册）

敬启读者，如发现本书有印装质量问题，请与印刷厂联系 010-62189683